ルールを守って楽しもう！

まんがで学ぶ

著作権

一般社団法人 コンピュータソフトウェア著作権協会 監修

保育社
HOIKUSHA

はじめに

みなさんは「著作権《ちょさくけん》」という言葉《ことば》を知《し》っていますか？

「著作権《ちょさくけん》」とは、作品《さくひん》をつくった人《ひと》に与《あた》えられるもので、
文章《ぶんしょう》や絵《え》、音楽《おんがく》などの作品《さくひん》をつくった人《ひと》だけが
つくったものの使《つか》い方《かた》を決《き》められる権利《けんり》のことです。

とくべつな手続《てつづ》きをしなくても作品《さくひん》をつくると自然《しぜん》に発生《はっせい》するので、
じつはみなさんが描《か》いた絵《え》や、書《か》いた文章《ぶんしょう》なども著作権《ちょさくけん》で守《まも》られています。

また、みなさんがいつも楽《たの》しんでいる
まんがや小説《しょうせつ》、テレビ番組《ばんぐみ》や動画《どうが》、絵《え》、音楽《おんがく》にも著作権《ちょさくけん》はあります。

わたしたちの生活《せいかつ》のなかには、たくさんの「著作権《ちょさくけん》」があるのです。

「著作権《ちょさくけん》」は「著作権法《ちょさくけんほう》」という法律《ほうりつ》で定《さだ》められていて、侵害《しんがい》すると罰金《ばっきん》などの罰則《ばっそく》が課《か》せられてしまうかもしれません。もし罰則《ばっそく》がなかったとしても、自分《じぶん》がつくった作品《さくひん》をコピーされたり、勝手《かって》に変《か》えられたりするのはいやな気持《きも》ちになってしまいます。

そうならないように、「著作権《ちょさくけん》」について正《ただ》しい知識《ちしき》を身《み》につけ、つくった人《ひと》の気持《きも》ちを考《かんが》えて行動《こうどう》することで、みんなが気持《きも》ちよく、作品《さくひん》やコンテンツを楽《たの》しむことができます。

そして、将来《しょうらい》みなさんがまんが家《か》やゲームクリエイターになったら、著作権《ちょさくけん》がみなさんの作品《さくひん》を守《まも》ってくれるのです。

この本《ほん》では、生活《せいかつ》のなかで気《き》をつけたいポイントを押《お》さえながら、著作権《ちょさくけん》のことをわかりやすく説明《せつめい》しています。みんなが気持《きも》ちよく楽《たの》しめるように、著作権《ちょさくけん》について知《し》ってもらえたらうれしいです。

一般社団法人《いっぱんしゃだんほうじん》コンピュータソフトウェア著作権協会《ちょさくけんきょうかい》

目次《もくじ》

この本《ほん》の内容《ないよう》や情報《じょうほう》は、制作時点《せいさくじてん》（2023年《ねん》12月《がつ》）のものであり、今後変更《こんごへんこう》が生《しょう》じる可能性《かのうせい》があります。

おもな登場人物《とうじょうじんぶつ》

ユウタ

まんがやアニメが大好《だいす》きな中学《ちゅうがく》1年生《ねんせい》。楽観的《らっかんてき》でおおざっぱな性格《せいかく》で、学校《がっこう》ではサッカークラブに入《はい》っている。

アカリ

ユウタのふたごの姉《あね》。絵《え》が好《す》きで、美術《びじゅつ》クラブに所属《しょぞく》している。今《いま》は合唱《がっしょう》コンクールのポスターを描《か》いている。

マナ

アカリと同《おな》じクラスで、元気《げんき》で明《あか》るい性格《せいかく》。ダンススクールに通《かよ》っていて、おしゃれや流行《りゅうこう》にもくわしい。

トモヤ

ユウタの親友《しんゆう》で、同《おな》じクラス。ぶっきらぼうだけど、実《じつ》はやさしい。サッカーも上手《じょうず》で、放課後《ほうかご》はよくユウタと遊《あそ》んでいる。

リサ

ユウタとアカリの姉《あね》。まんが家《か》で、「セブンピース」というバトルマンガを連《れん》載中《さいちゅう》。いつも大事《だいじ》なところで寝《ね》てしまう。

第《だい》1章《しょう》

著作権《ちょさくけん》を学《まな》ぼう

まずはそもそもの著作権《ちょさくけん》とはなにかを知《し》るところからはじめましょう。作品《さくひん》をつくった人《ひと》と、それを利用《りよう》する人《ひと》、それぞれのルールが法律《ほうりつ》で定《さだ》められています。

まんがは わたしの「著作物《ちょさくぶつ》」といって
著作物《ちょさくぶつ》
著作物《ちょさくぶつ》を つくった人《ひと》を「著作者《ちょさくしゃ》」と よぶの
そして……
著作者《ちょさくしゃ》

Prologue

プロローグ

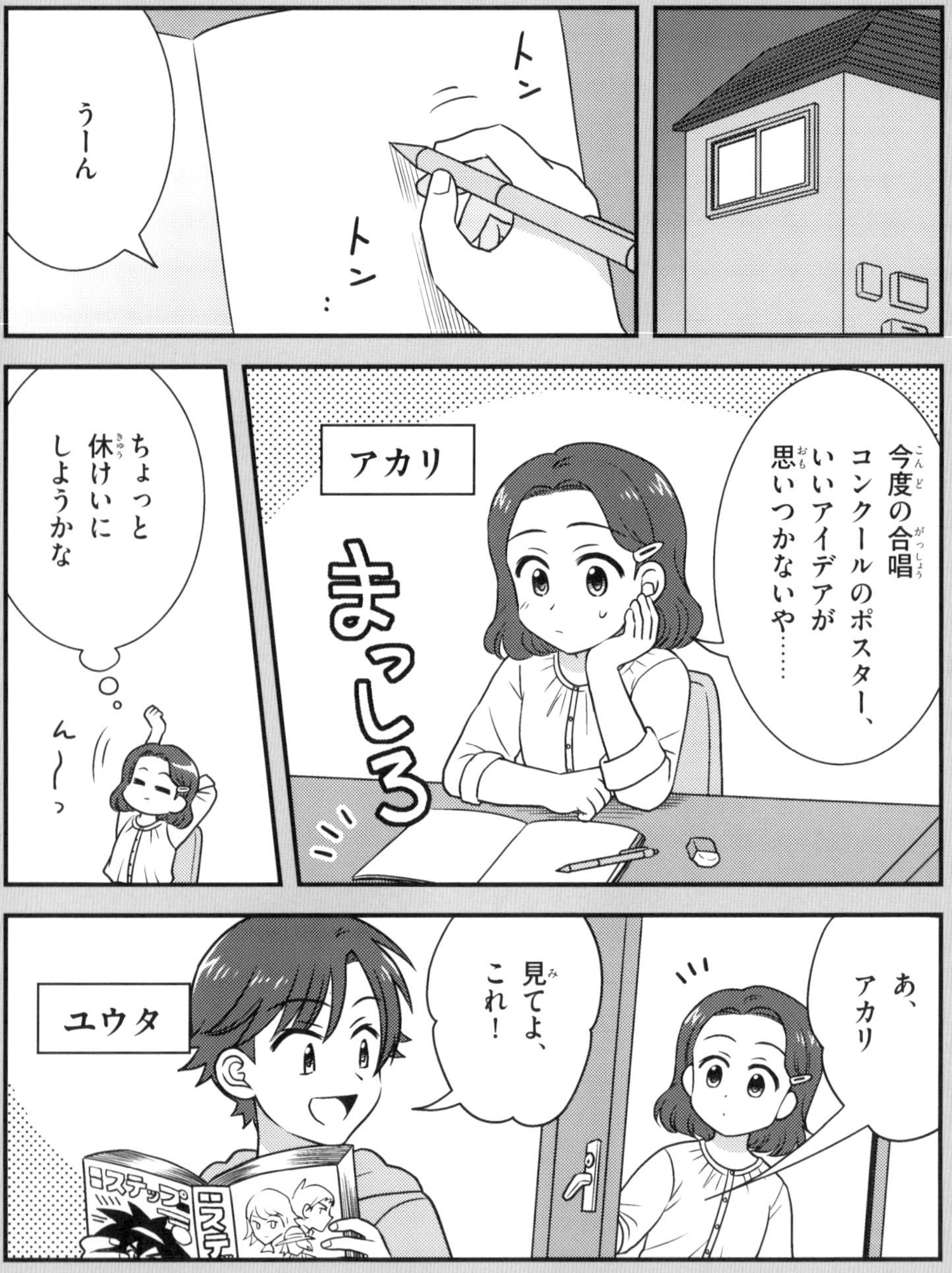
トン
トン
うーん
アカリ
今度《こんど》の合唱《がっしょう》コンクールのポスター、いいアイデアが思《おも》いつかないや……
まっしろ
ちょっと休《きゅう》けいにしようかな
ん〜〜っ
あ、アカリ
ユウタ
見《み》てよ、これ！
ステップ

バーーーン
あ、お姉《ねえ》ちゃんのまんが！
「セブンピース」
７つ集《あつ》めると願《ねが》いがかなう財宝《ざいほう》を探《さが》して
冒険《ぼうけん》するバトルまんが
週刊少年《しゅうかんしょうねん》ステップで連載中《れんさいちゅう》
ファンには「セブピ」とよばれている
今週《こんしゅう》もめっちゃおもしろいよ！
お姉《ねえ》ちゃんの絵《え》、好《す》きだな
あっ新キャラふえてる
コピーして明日《あす》クラスのみんなに見《み》せようと思《おも》ってさ
ステップ
えっ、それって大丈夫《だいじょうぶ》なの？
へーきへーき
スッ
お金《かね》もらうわけじゃないし……

ダメに決《き》まってるでしょ
リサ
えっ
リサ大先生《だいせんせい》！今週《こんしゅう》もおもしろかった！
おっ、ありがとう
でもコピーして配《くば》るのはやめてね
NO!
えー
こんなにおもしろいのに……
なんで?
説明しよう!
なぜならまんがには……
著作権《ちょさくけん》が関《かか》わっているからね!

本
映画
イラスト
音楽
建物
著作権《ちょさくけん》？
例《たと》えば……
こういうものをつくった人《ひと》や、つくったものを守《まも》る権利《けんり》のことだね
うーん わかったような わからない ような
お姉《ねえ》ちゃんのまんがにも著作権《ちょさくけん》があるってこと？
ちょっとおしいかな？
まんがはわたしの「著作物《ちょさくぶつ》」といって
著作物《ちょさくぶつ》
著作物《ちょさくぶつ》をつくった人《ひと》を「著作者《ちょさくしゃ》」とよぶの
著作者《ちょさくしゃ》
そして……

このまんがおもしろ!
パシャ!
ステップ
このまんがおもしろい!
投稿!
SNS《エスエヌエス》にまんがの内容《ないよう》がわかる写真《しゃしん》を投稿《とうこう》するのはNG《エヌジー》!
まんがの公式《こうしき》サイトにあるフリーアイコン用《よう》のイラストをアイコンにするのはOK《オーケイ》!
公式
アイコン配布
アイコンにさせてもらった!
わたしはこういうルールにしているよ!
著作物《ちょさくぶつ》をどう使《つか》っていいか、決《き》めることができる権利《けんり》を「著作権《ちょさくけん》」というんだよ!
コピーはOK《オーケー》っていえないかな
はぁい
あっ、でも貸《か》し借《か》りとかはどうなんだろう?
たしかに! 私《わたし》もさっき、借《か》りて読《よ》んじゃったけど……
ダメなのかな?
ステップ

それに、ファンの人《ひと》がSNS《エスエヌエス》で
まんがのキャラクターのイラストを描《か》いて投稿《とうこう》していたよ
かきました！
あー、それもお姉《ねえ》ちゃんがダメっていったらダメになるのかな？
ねえ、お姉《ねえ》ちゃんあのさ……
スカー
あ!!寝《ね》てる!!
きのう「しめ切《き》りが～!!」っていってたもんね……
しめ切《き》り前《まえ》で寝《ね》ていなかった
けっきょくわからなかったなあ
明日《あす》図書館《としょかん》で調《しら》べてみようよ
すぴー
図書館《としょかん》か～入《はい》るだけでねむくなるんだよな
それはユウタだけじゃない？

著作権《ちょさくけん》ってなに？

作品《さくひん》をつくった人《ひと》に与《あた》えられる権利《けんり》のこと

何気《なにげ》なく歌《うた》ったオリジナルの鼻《はな》歌《うた》や、ふと自分《じぶん》のノートやメモ帳《ちょう》にかきとめた文章《ぶんしょう》やラクガキ……これらは全部《ぜんぶ》「著作権《ちょさくけん》」で守《まも》られた作品《さくひん》になります。著作権《ちょさくけん》とは、自分《じぶん》がつくった文章《ぶんしょう》や絵《え》、音楽《おんがく》などの表現物《ひょうげんぶつ》をつくった人《ひと》がもてる権利《けんり》です。著作権《ちょさくけん》があることで何《なに》かをつくった人《ひと》（著作者《ちょさくしゃ》）が、そのつくったものの使《つか》い方《かた》を決《き》められます。

「法律《ほうりつ》」と「権利《けんり》」ってなんだろう

著作権《ちょさくけん》は、著作権法《ちょさくけんほう》という法律《ほうりつ》で決《き》められています。法律《ほうりつ》は国民《こくみん》が守《まも》らないといけないルールのことで、権利《けんり》は権利《けんり》をもっている人《ひと》が「○○してはダメ」「□□しても良《よ》い」といったことを相手《あいて》に求《もと》めることができる力《ちから》です。つまり、著作権《ちょさくけん》という権利《けんり》は、自分《じぶん》のつくった作品《さくひん》を「コピーしないで」「インターネットに上《あ》げないで」と相手《あいて》に対《たい》して求《もと》めることができます。

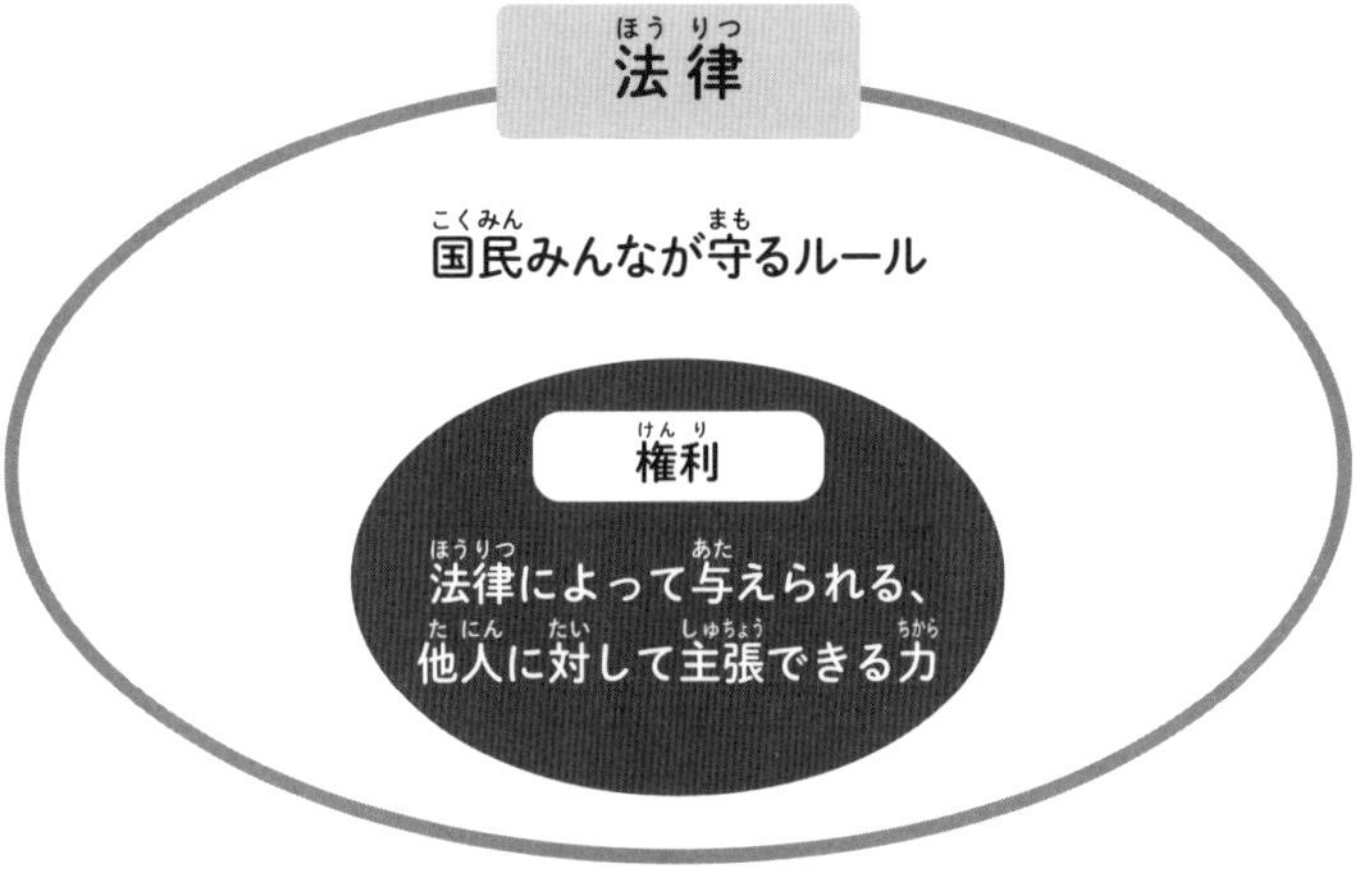
法律《ほうりつ》
国民《こくみん》みんなが守《まも》るルール
権利《けんり》
法律《ほうりつ》によって与《あた》えられる、
他人《たにん》に対《たい》して主張《しゅちょう》できる力《ちから》

著作者《ちょさくしゃ》＝作品《さくひん》をつくった人《ひと》

作品《さくひん》をつくった人《ひと》のことを「著作者《ちょさくしゃ》」と呼《よ》びます。あなたが授業《じゅぎょう》で何《なに》かの絵《え》を描《か》いたとき、その絵《え》の著作権《ちょさくけん》は、描《か》いた人《ひと》、すなわちあなた自身《じしん》に与《あた》えられます。

著作者《ちょさくしゃ》について、著作権法《ちょさくけんほう》では「著作物《ちょさくぶつ》を創作《そうさく》する者《もの》」とされており、特別《とくべつ》な資格《しかく》は必要《ひつよう》ありません。

反対《はんたい》に、自分《じぶん》でつくっていない作品《さくひん》の著作者《ちょさくしゃ》になることはできません。お金《かね》をはらってほかの人《ひと》に作品《さくひん》をつくってもらった場合《ばあい》でも、その作品《さくひん》をつくった人《ひと》が著作者《ちょさくしゃ》になります。

著作物《ちょさくぶつ》と著作権《ちょさくけん》

では、著作権《ちょさくけん》とはあらためてどういったものなのでしょうか。法律《ほうりつ》の定義《ていぎ》では「思想《しそう》や感情《かんじょう》をもってつくった表現物《ひょうげんぶつ》（＝著作物《ちょさくぶつ》）をつくった人《ひと》だけのものとして守《まも》る権利《けんり》」とされています。たとえば、まんがや写真《しゃしん》、動画《どうが》、ダンスのふりつけなど、幅広《はばひろ》いものが著作物《ちょさくぶつ》であり、著作権《ちょさくけん》に守《まも》られたものであるといえます。

ダンスのふりつけも著作物《ちょさくぶつ》になるんだね

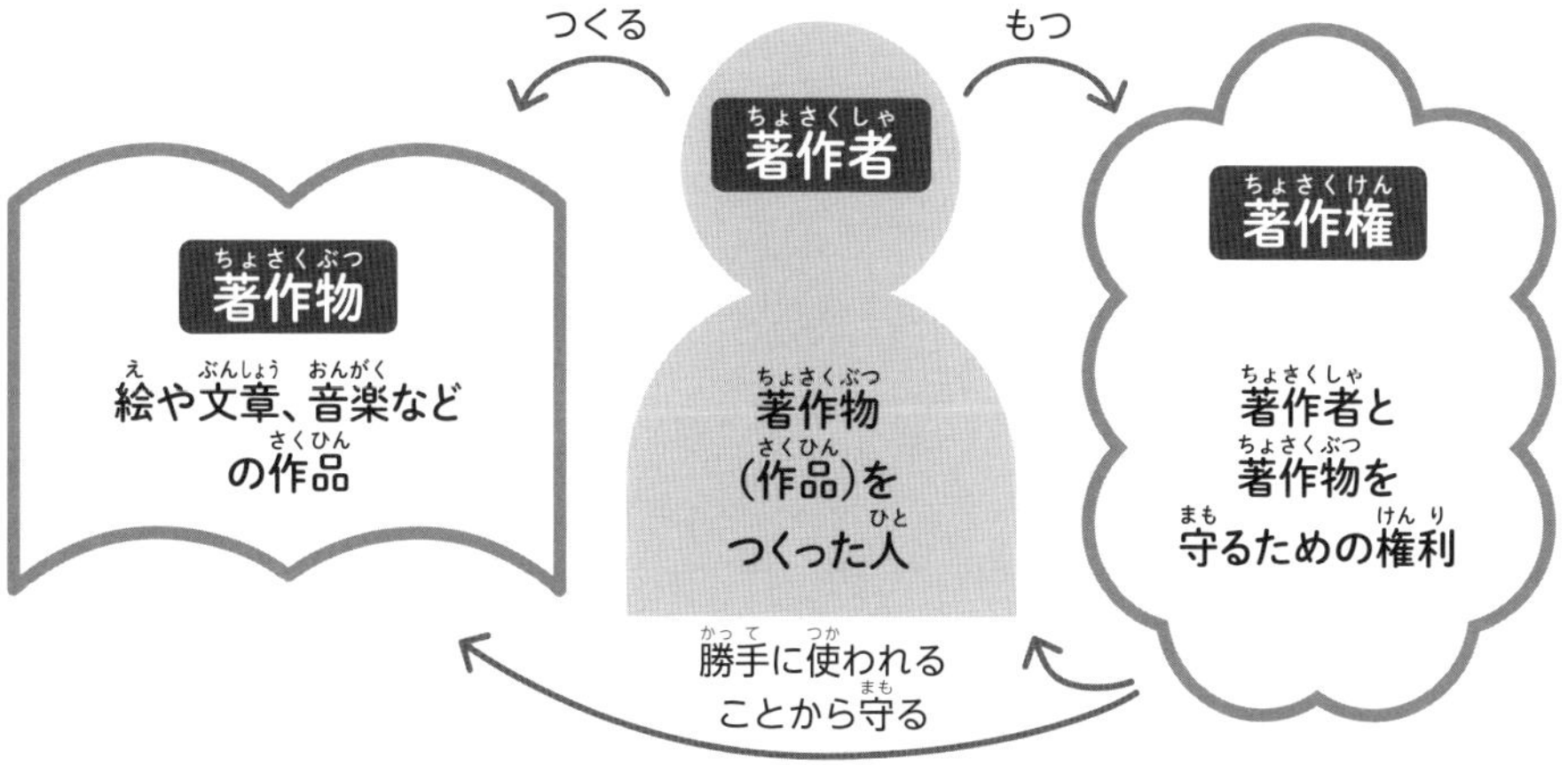
つくる
もつ
著作者《ちょさくしゃ》
著作物《ちょさくぶつ》（作品《さくひん》）をつくった人《ひと》
著作物《ちょさくぶつ》
絵《え》や文章《ぶんしょう》、音楽《おんがく》などの作品《さくひん》
著作権《ちょさくけん》
著作者《ちょさくしゃ》と著作物《ちょさくぶつ》を守《まも》るための権利《けんり》
勝手《かって》に使《つか》われることから守《まも》る

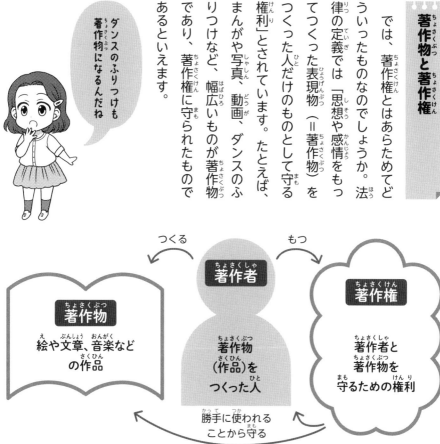

著《ちょ》作《さく》物《ぶつ》ってどういうもの？

つくった人《ひと》の思《おも》いを表現《ひょうげん》した作品《さくひん》のこと

では、著作物《ちょさくぶつ》とみとめられるものは、どんなものでしょうか。簡単《かんたん》に言《い》うと「自分《じぶん》の考《かんが》えやアイデアを、オリジナルの表現《ひょうげん》にしてあらわしたものが著作物《ちょさくぶつ》」になります。大人《おとな》でも子《こ》どもでも年齢《ねんれい》を問《と》わず、自分《じぶん》なりにつくったものであれば、絵《え》や文章《ぶんしょう》、映像《えいぞう》、音《おん》楽《がく》などはすべて著作物《ちょさくぶつ》になるのです。

アイデアは著作物《ちょさくぶつ》？

実《じつ》は、アイデアだけでは著作物《ちょさくぶつ》に当《あ》てはまりません。著作物《ちょさくぶつ》はあくまでも「アイデアや考《かんが》えを自分《じぶん》なりに表現《ひょうげん》したもの」なので、考《かんが》えたものを何《なに》かの形《かたち》にしたときに、はじめて著作物《ちょさくぶつ》としてみとめられます。

ほかにも、「明《あ》けましておめでとうございます」のようなありふれたあいさつ、単語《たんご》を組《く》み合《あ》わせた映画《えいが》や本《ほん》のタイトルは、著作物《ちょさくぶつ》にならないと考《かんが》えられています。

著作物《ちょさくぶつ》の定義《ていぎ》

① **思《し》想《そう》または感情《かんじょう》がふくまれる**
自分《じぶん》の考《かんが》えや気持《きも》ちをもとにつくっているか

② **創作的《そうさくてき》である**
オリジナルのものとしてつくっているか

③ **表現《ひょうげん》したもの**
作品《さくひん》として形《かたち》にしているか

④ **文芸《ぶんげい》、学術《がくじゅつ》、美術《びじゅつ》、または音楽《おんがく》の範囲《はんい》に属《ぞく》するもの**
小説《しょうせつ》やレポート、絵画《かいが》、映《えい》画《が》、音楽《おんがく》など

著作物《ちょさくぶつ》のおもな例《れい》

〈1〉 論文《ろんぶん》、小説《しょうせつ》、脚本《きゃくほん》、俳句《はいく》などの言語《げんご》の著作物《ちょさくぶつ》

〈2〉 写真《しゃしん》、絵画《かいが》、彫刻《ちょうこく》、まんがなどの美術《びじゅつ》の著作物《ちょさくぶつ》

〈3〉 楽曲《がっきょく》やその歌詞《かし》などの音楽《おんがく》の著作物《ちょさくぶつ》

〈4〉 ダンス、バレエ、日本舞踊《にほんぶよう》などのふりつけの著作物《ちょさくぶつ》

〈5〉 テレビや映画《えいが》、DVD《ディーブイディー》などの映像《えいぞう》の著作物《ちょさくぶつ》

DVD

〈6〉 建物《たてもの》、塔《とう》、庭園《ていえん》、橋《はし》などの建築物《けんちくぶつ》の著作物《ちょさくぶつ》

いろいろな形《かたち》の著作物《ちょさくぶつ》があるんだね！
私《わたし》たちがつくったものも著作物《ちょさくぶつ》なんだ！

著作権《ちょさくけん》がなかったら……

著作権《ちょさくけん》が守《まも》っているもの

プロの作家《さっか》や画家《がか》、ミュージシャンたちは自分《じぶん》の著作物《ちょさくぶつ》を売《う》ったり使《つか》ってもらったりすることを仕事《しごと》にしています。勝手《かって》に作品《さくひん》をコピーされたら、作品《さくひん》が売《う》れなくなり、収入《しゅうにゅう》がなくなってしまうかもしれません。著作権《ちょさくけん》はそんなことにならないように著作者《ちょさくしゃ》を守《まも》っているのです。

せっかくつくったのにだれかにコピーされたら悲《かな》しいよね

著作権《ちょさくけん》がつくる好循環《こうじゅんかん》

では、著作権《ちょさくけん》が守《まも》られて著作物《ちょさくぶつ》が正《ただ》しく利用《りよう》されたらどうなるのでしょう。たとえば使用料《しようりょう》をはらって利用《りよう》するケースでは、使用料《しようりょう》は著作者《ちょさくしゃ》の収入《しゅうにゅう》になります。すると、著作者《ちょさくしゃ》は「もっといいものをつくろう」「もっとヒットするものをつくろう」と新《あたら》しい作品《さくひん》をつくっていくモチベーションになります。正《ただ》しく利用《りよう》することで、こうしていいサイクルがまわっていくのです。

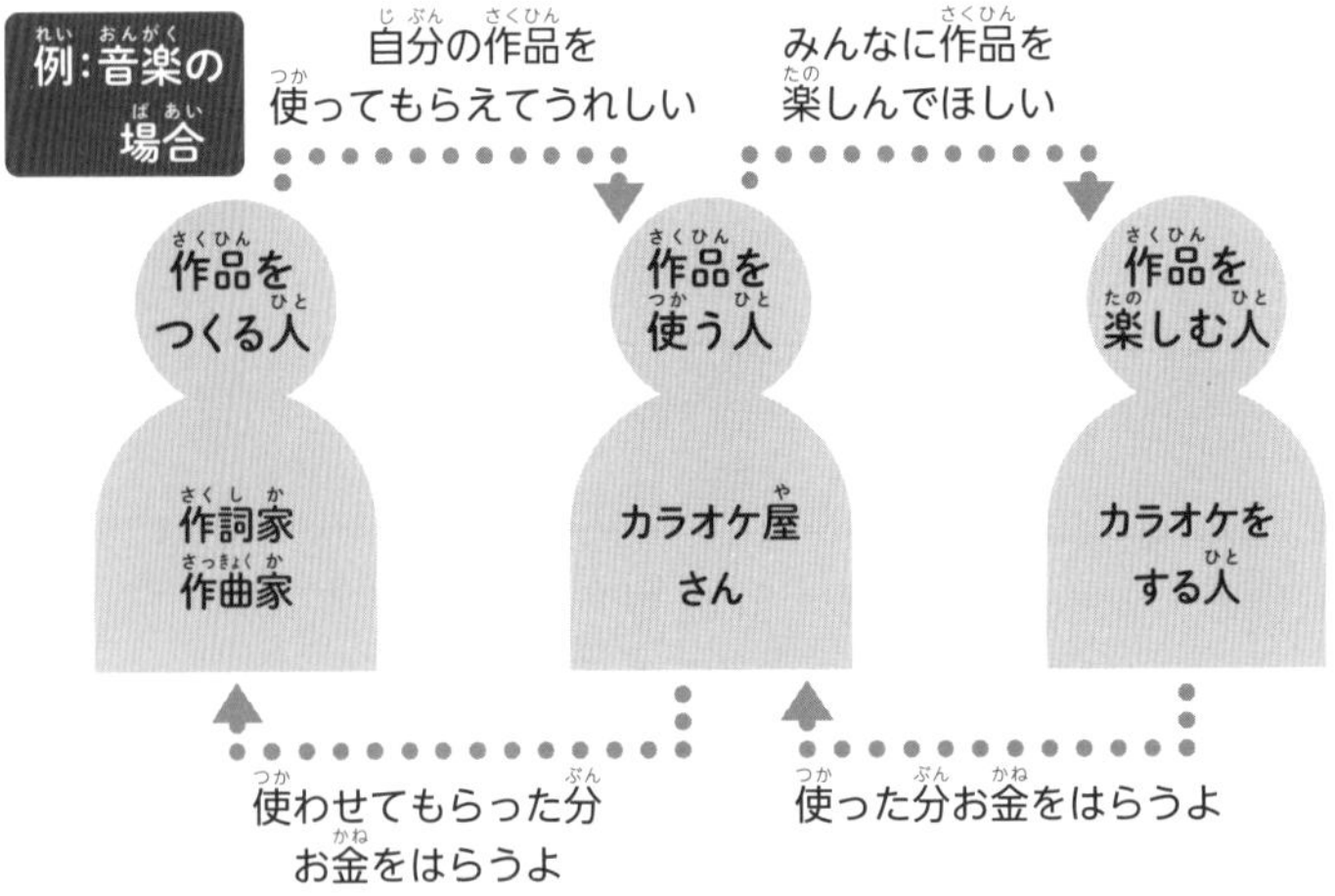
例《れい》:音楽《おんがく》の場合《ばあい》
自分《じぶん》の作品《さくひん》を使《つか》ってもらえてうれしい
みんなに作品《さくひん》を楽《たの》しんでほしい
作品《さくひん》をつくる人《ひと》
作詞家《さくしか》
作曲家《さっきょくか》
作品《さくひん》を使《つか》う人《ひと》
カラオケ屋《や》さん
作品《さくひん》を楽《たの》しむ人《ひと》
カラオケをする人《ひと》
使《つか》わせてもらった分《ぶん》お金《かね》をはらうよ
使《つか》った分《ぶん》お金《かね》をはらうよ

著作権《ちょさくけん》がないとつくる人《ひと》がいなくなる⁉

もしも著作権《ちょさくけん》がなかったら……

作品《さくひん》を自由《じゆう》にコピーすることができるので書店《しょてん》で本《ほん》を買《か》ったり、有料《ゆうりょう》の音楽配信《おんがくはいしん》サイトを利用《りよう》したりしなくても、無料《むりょう》でだれかがコピーしたまんがや音楽《おんがく》が楽《たの》しめるようになるかもしれません。とてもよいことのように思《おも》うかもしれませんが、本当《ほんとう》にそうでしょうか？　一方《いっぽう》で、プロのまんが家《か》やミュージシャンたちは収入《しゅうにゅう》がなくなるので、まんがもイラストも音楽《おんがく》も、職業《しょくぎょう》としてつくる人《ひと》がいなくなるかもしれません。

CASE　著作権《ちょさくけん》がかかわる仕事《しごと》ってどんな仕事《しごと》？

- **まんが家《か》**　物語《ものがたり》をイラストとセリフで表現《ひょうげん》した作品《さくひん》が著作物《ちょさくぶつ》になります。物語《ものがたり》をつくる人《ひと》とイラストを描《か》く人《ひと》が違《ちが》う場合《ばあい》は、それぞれに著作権《ちょさくけん》があります。
- **シンガーソングライター**　自分《じぶん》で作詞《さくし》・作曲《さっきょく》した音楽《おんがく》が著作物《ちょさくぶつ》になります。CD《シーディー》の売上《うりあげ》や音楽《おんがく》サイトで再生《さいせい》されたとき以外《いがい》にも、BGM《ビージーエム》で使《つか》われたり、カラオケ用《よう》に曲《きょく》を配信《はいしん》することで収入《しゅうにゅう》を得《え》られます。

著作者《ちょさくしゃ》だけができること

著作者《ちょさくしゃ》は2つの権利《けんり》をもつ

著作者《ちょさくしゃ》の権利《けんり》には、著作権《ちょさくけん》のほかに著作者人格権《ちょさくしゃじんかくけん》があります。

▼著作権《ちょさくけん》

著作権者《ちょさくけんしゃ》が著作物《ちょさくぶつ》の利用《りよう》を許可《きょか》したり、その使用料《しようりょう》を受《う》け取《と》ったりすることができる権利《けんり》のこと。複製権《ふくせいけん》や上映権《じょうえいけん》など複数《ふくすう》の権利《けんり》が集《あつ》まっています。

▼著作者人格権《ちょさくしゃじんかくけん》

著作物《ちょさくぶつ》をとおしてつくった人《ひと》の名誉《めいよ》や気持《きも》ちを守《まも》るための権利《けんり》です。著作権《ちょさくけん》はだれかにゆずったり、相続《そうぞく》できるので著作者《ちょさくしゃ》以外《いがい》でももてますが、著作者人格権《ちょさくしゃじんかくけん》は著作者《ちょさくしゃ》だけがもてます。そして、著作権《ちょさくけん》をもつ人を「著作権者《ちょさくけんしゃ》」と言《い》います。

著作権《ちょさくけん》は使《つか》い方《かた》を決《き》める権利《けんり》

著作権《ちょさくけん》は、著作物《ちょさくぶつ》によって得《え》られる経済的《けいざいてき》な利益《りえき》を、ほかの人《ひと》から守《まも》る権利《けんり》です。著作権《ちょさくけん》をもつ人《ひと》（著作権者《ちょさくけんしゃ》）は、（自分《じぶん》の）著作物《ちょさくぶつ》を勝手《かって》に使《つか》わせないようにできます。自分《じぶん》の著作物《ちょさくぶつ》を有料《ゆうりょう》にするか、

著作者《ちょさくしゃ》の権利《けんり》

著作権《ちょさくけん》
つくった人《ひと》が利益《りえき》を上《あ》げることができる権利《けんり》
・複製権《ふくせいけん》
・公衆送信権《こうしゅうそうしんけん》
・上映権《じょうえいけん》　など

著作者人格権《ちょさくしゃじんかくけん》
つくった人《ひと》の気持《きも》ちや名誉《めいよ》を守《まも》る権利《けんり》
・公表権《こうひょうけん》
・氏名表示権《しめいひょうじけん》
・同一性保持権《どういつせいほじけん》

無料《むりょう》にするか、コピーしてよいかなど、使《つか》い方《かた》は著作権者《ちょさくけんしゃ》の考《かんが》えに合《あ》わせて決《き》めることができます。

名誉《めいよ》や気持《きも》ちを守《まも》る権利《けんり》

著作物《ちょさくぶつ》は著作者《ちょさくしゃ》の考《かんが》えや感情《かんじょう》を形《かたち》にしたものです。たとえば、あなたが一生《いっしょう》けんめい考《かんが》えてつくった作文《さくぶん》を勝手《かって》に書《か》きかえられたり、名前《なまえ》を変《か》えられてしまったり、いつの間《ま》にかネットで発表《はっぴょう》されたりしたら、いやな気持《きも》ちになりますよね。そういった思《おも》いをみんながしないようにあるのが「著作者《ちょさくしゃ》人格権《じんかくけん》」です。だれかの作品《さくひん》を使《つか》うときには、著作者《ちょさくしゃ》の気持《きも》ちを考《かんが》えて尊重《そんちょう》しましょう。

コピーできるかは著作権者《ちょさくけんしゃ》が決《き》められる

では、使《つか》い方《かた》を決《き》めるとはどういうことでしょうか。著作権《ちょさくけん》のなかで「複製権《ふくせいけん》」というものもあります。複製権《ふくせいけん》とは、ほかの人《ひと》に無《む》断《だん》でコピーされないための権利《けんり》で、著作権《ちょさくけん》のなかでも中心《ちゅうしん》となるものです。著作権法《ちょさくけんほう》では「有形的《ゆうけいてき》に再製《さいせい》すること」と定義《ていぎ》されており、テレビ番組《ばんぐみ》の録画《ろくが》、ウェブまんがのスクショなどの結果《けっか》として同《おな》じものができればコピー（複《ふく》製《せい》）されたことになります。また、数《かず》が問題《もんだい》ではなく、たった1つでも著作者《ちょさくしゃ》の許可《きょか》なくコピーすることはできません。

複製権《ふくせいけん》の例外《れいがい》

著作物《ちょさくぶつ》は著作者《ちょさくしゃ》に許可《きょか》なくコピーはできませんが、例外的《れいがいてき》に著作者《ちょさくしゃ》の許可《きょか》なくコピーできる場合《ばあい》があります。仕事《しごと》などではなく家《いえ》のなかで個人《こじん》で楽《たの》しむためにコピーをするなら問題《もんだい》はありません。たとえば、あなたが自分《じぶん》のためにテレビ番組《ばんぐみ》を録画《ろくが》することやノートに好《す》きなイラストを模写《もしゃ》することは問題《もんだい》ありません。ほかにも、学《がっ》校《こう》の授業《じゅぎょう》で新聞《しんぶん》の記事《きじ》などをコピーすること、図書館《としょかん》で決《き》められた範囲《はんい》でコピーをとること、正《ただ》しい形《かたち》で作品《さくひん》を引用《いんよう》して紹介《しょうかい》することなど、例外的《れいがいてき》に使《つか》える場合《ばあい》が著作権法《ちょさくけんほう》で決《き》められています。

「使《つか》うとき」と「つくるとき」

使《つか》うときに確認《かくにん》すること

だれかがつくった著作物《ちょさくぶつ》には、必《かなら》ず著作権《ちょさくけん》が発生《はっせい》しています。たとえば、ダンス動画《どうが》のふりつけや、投稿《とうこう》サイトにアップされているイラストも立派《りっぱ》な著作物《ちょさくぶつ》のひとつです。SNS《エスエヌエス》や動画《どうが》サイトで見《み》つけて「アイコンとして使《つか》いたい」「自分《じぶん》もマネして動画《どうが》にしたい」と思《おも》ったら、必《かなら》ず許可《きょか》をとりましょう。めんどうくさくても、著《ちょ》作者《さくしゃ》の許可《きょか》を得《え》ずに勝手《かって》に使《つか》うことはできません！

許可《きょか》のとり方《かた》

「著作物《ちょさくぶつ》を使《つか》いたい！」と思《おも》ったら、まずは著作者《ちょさくしゃ》へメールなどで連絡《れんらく》をとりましょう。「こういう目的《もくてき》で使《つか》いたい」と伝《つた》えて許可《きょか》をもらえれば、許《ゆる》された範囲《はんい》での使《つか》い方《かた》ができるようになります。もし「使《つか》うときに私《わたし》の名前《なまえ》を入《い》れてください」「使用料《しようりょう》をはらってください」などの条件《じょうけん》があった場合《ばあい》には、必《かなら》ず守《まも》らないといけません。もしも、使《つか》うことを断《ことわ》られたら、残念《ざんねん》でもあきらめましょう。

CASE　ともだち同士《どうし》でも許可《きょか》は必要《ひつよう》？

Yさんは、親友《しんゆう》のNさんの描《か》いたまんがの大《だい》ファン。「おもしろいからたくさんの人《ひと》に見《み》てほしい！」と、YさんはNさんに無断《むだん》でSNS《エスエヌエス》に投稿《とうこう》しました。ともだちを応援《おうえん》する気持《きも》ちですが、Nさんの気持《きも》ちはどうでしょう。もしかしたら、ひみつで描《か》いていたのかもしれません。ともだちだからといって、相手《あいて》の許可《きょか》なく使《つか》うのはいけません。

つくったものに著作権《ちょさくけん》は自動的《じどうてき》に発生《はっせい》する

著作権《ちょさくけん》は、プロのまんが家《か》や作詞家《さくしか》、作曲家《さっきょくか》、芸術家《げいじゅつか》だけがもつものではありません。あなたがかいた絵《え》や作文《さくぶん》、撮影《さつえい》した動画《どうが》・写真《しゃしん》も著作物《ちょさくぶつ》になります。なにか申《もう》しこみをしなくても、あなたは著作者《ちょさくしゃ》となり、つくったものに対《たい》して自動的《じどうてき》に著作権《ちょさくけん》が与《あた》えられます。もちろん、ほかの人《ひと》がつくった場合《ばあい》も同様《どうよう》に、つくった人《ひと》に著作権《ちょさくけん》が発生《はっせい》します。

だれでも著作者《ちょさくしゃ》になれるのね

保護期間《ほごきかん》とは？

著作者《ちょさくしゃ》が亡《な》くなった場合《ばあい》、著作権《ちょさくけん》はどうなるでしょうか。その場合《ばあい》、一定《いってい》の期間《きかん》は生《い》きているうちと同様《どうよう》に著作権《ちょさくけん》がなくならないように法律《ほうりつ》で決《き》まっています。著作者《ちょさくしゃ》の死後《しご》70年《ねん》が経過《けいか》すると、著作権《ちょさくけん》は消滅《しょうめつ》してだれでも自由《じゆう》に使《つか》えるようになります。著作者《ちょさくしゃ》が不明《ふめい》なときは、公表《こうひょう》されてから70年後《ねんご》に著作権《ちょさくけん》が消滅《しょうめつ》します。ただ、これは日本《にほん》でのこと。外国《がいこく》では保護期間《ほごきかん》が違《ちが》う場合《ばあい》があります。

使《つか》うときに注意《ちゅうい》が必要《ひつよう》だね

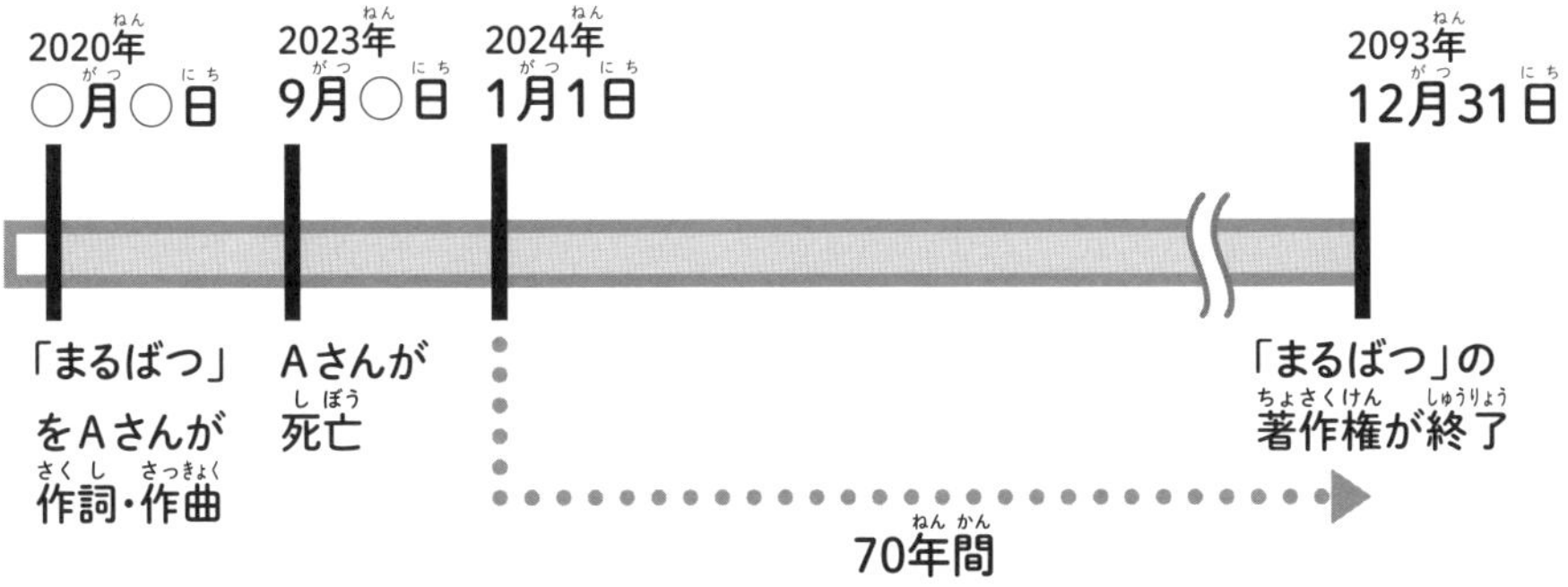
2020年《ねん》
○月《がつ》○日《にち》
2023年《ねん》
9月《がつ》○日《にち》
2024年《ねん》
1月《がつ》1日《にち》
2093年《ねん》
12月《がつ》31日《にち》
「まるばつ」をAさんが作詞《さくし》・作曲《さっきょく》
Aさんが死亡《しぼう》
「まるばつ」の著作権《ちょさくけん》が終了《しゅうりょう》
70年間《ねんかん》

保護期間《ほごきかん》　作品《さくひん》をつくってから著作者《ちょさくしゃ》の死後《しご》70年間《ねんかん》

ほかの人《ひと》の著作物《ちょさくぶつ》を利用《りよう》するとき

目的《もくてき》と使《つか》い方《かた》を決《き》めて判断《はんだん》しよう

著作者《ちょさくしゃ》から許可《きょか》をもらえれば、その人《ひと》がいいといった範囲《はんい》で著作《ちょさく》物《ぶつ》を使《つか》うことができます。まずは、①使《つか》うものが著作物《ちょさくぶつ》かどうかを確《かく》認《にん》しましょう。著作物《ちょさくぶつ》でないものの例《れい》としては、事実《じじつ》やデータ、アイデアなどがあります（106ページへ）。②保護期間《ほごきかん》を確認《かくにん》し、保護期間中《ほごきかんちゅう》であれば、③どんな使《つか》い方《かた》をしたいのか、著作物《ちょさくぶつ》を見《み》る、聞《き》く、鑑賞《かんしょう》するだけなら著作権《ちょさくけん》はおよばないので利用《りよう》できます。しかし、コピーするなら複製権《ふくせいけん》におよぶし、SNS《エスエヌエス》に上《あ》げたいなら公《こう》衆送信権《しゅうそうしんけん》におよびます。次《つぎ》に④著《ちょ》作権《さくけん》の例外《れいがい》にあてはまるか確認《かくにん》しましょう。例外《れいがい》ルールについては第《だい》4章《しょう》でくわしく説明《せつめい》します。

なお、著作権《ちょさくけん》の許諾《きょだく》を得《え》て利用《りよう》する場合《ばあい》は、利用《りよう》してよい範囲《はんい》をよく確認《かくにん》しましょう。有名《ゆうめい》なミュージシャンやアーティストの作品《さくひん》、だれがつくったかわからない著作《ちょさく》物《ぶつ》を使《つか》いたいときは、必《かなら》ず大人《おとな》に相談《そうだん》してからにしましょう。

CASE だれに許可《きょか》をもらうかわからないとき

小学《しょうがく》5年生《ねんせい》のAさんは、画像検索《がぞうけんさく》で見《み》つけたイラストをSNS《エスエヌエス》のアイコンにしたいと思《おも》いました。しかし、だれが描《か》いたものかわからなかったので勝手《かって》にアイコンにしてしまいました。これは、立派《りっぱ》な著作権侵害《ちょさくけんしんがい》です。だれに許可《きょか》をもらえばいいかわからない、連絡先《れんらくさき》がわからないからといって、こっそりと勝手《かって》に使《つか》うのは絶対《ぜったい》ダメです！

著作物《ちょさくぶつ》を利用《りよう》する際《さい》に許諾《きょだく》がいるかの判別《はんべつ》

① 何《なに》を使《つか》う? → 著作物《ちょさくぶつ》 → ② 保護期間内《ほごきかんない》? → はい → ③ どんな使《つか》い方《かた》? → 著作権《ちょさくけん》が及《およ》ぶ使《つか》い方《かた》 → ④ 例外《れいがい》ルールに当《あ》てはまる? → いいえ → 著作者《ちょさくしゃ》に許諾《きょだく》を得《え》て利用《りよう》できる

- ① 何《なに》を使《つか》う? → 著作物《ちょさくぶつ》ではない → 著作権法《ちょさくけんほう》以外《いがい》の法律《ほうりつ》も確認《かくにん》して利用《りよう》できる
- ② 保護期間内《ほごきかんない》? → いいえ → 著作者人格権《ちょさくしゃじんかくけん》に注意《ちゅうい》して利用《りよう》できる
- ③ どんな使《つか》い方《かた》? → 著作権《ちょさくけん》が及《およ》ばない使《つか》い方《かた》 → 利用《りよう》できる
- ④ 例外《れいがい》ルールに当《あ》てはまる? → はい → 例外《れいがい》ルールの要件《ようけん》を確認《かくにん》して利用《りよう》できる

利用《りよう》できる

Column

手《て》で書《か》きうつしてもコピーになる？

すでにある絵《え》を見《み》ながらがんばって書《か》きうつしたら、
自分《じぶん》の作品《さくひん》としてみとめてもらえるのでしょうか。

書《か》きうつしても著作権侵害《ちょさくけんしんがい》の可能性《かのうせい》も

印刷機《いんさつき》やコピー機《き》ではなく手《て》で書《か》きうつした場合《ばあい》も、著作権《ちょさくけん》の侵害《しんがい》になるのでしょうか？

著作権法《ちょさくけんほう》では、たとえ手《て》によってでも「著作物《ちょさくぶつ》を物理的《ぶつりてき》に再現《さいげん》」すればそれは複製《ふくせい》となり、複製《ふくせい》する権利《けんり》をもつ著作権者《ちょさくけんしゃ》の権利侵害《けんりしんがい》となる可能性《かのうせい》があります。

手書《てが》きも許《ゆる》されない可能性《かのうせい》のある著作権《ちょさくけん》ですが、いくつかの例外《れいがい》があります。

・家庭内《かていない》で、仕事《しごと》のほかの目的《もくてき》のための複製《ふくせい》
・公正《こうせい》な引用《いんよう》の範囲内《はんいない》で引用《いんよう》の要件《ようけん》を満《み》たした他人《たにん》の著作物《ちょさくぶつ》の利用《りよう》
・法律《ほうりつ》でみとめられた図書館《としょかん》での利用《りよう》と保存《ほぞん》のための複製《ふくせい》
・教育機関《きょういくきかん》での授業《じゅぎょう》のための著作者《ちょさくしゃ》の利益《りえき》を害《がい》さない複製《ふくせい》
・視覚障害者《しかくしょうがいしゃ》のための複製《ふくせい》と貸出《かしだし》、譲渡《じょうと》、配信《はいしん》

これらは「文化《ぶんか》の発展《はってん》のための著作権制度《ちょさくけんせいど》」という考《かんが》え方《かた》でみとめられています。

第《だい》2章《しょう》

わたしたちと著作権《ちょさくけん》

本《ほん》やまんが、写真《しゃしん》や動画《どうが》など、人々《ひとびと》を楽《たの》しませてくれるコンテンツには「著作権《ちょさくけん》」があります。楽《たの》しむときのルールや注意点《ちゅういてん》を確認《かくにん》しておきましょう。

たとえば……
SNS《エスエヌエス》とかでいろんな人《ひと》に見《み》せるのはダメだけど、
×
このTV おもしろかったよ〜っと
○
これおもしろかったから送るね
自分《じぶん》のスマホのホーム画面《がめん》にするのはいいみたい

Episode 1

すごく身近《みぢか》なところにある！

○○市立図書館
どの本《ほん》やまんがにも
著作権《ちょさくけん》があるんだよね
昨日《きのう》、お姉《ねえ》ちゃんが説明《せつめい》してくれたけど
やっぱりよくわからないところもあったな～
たしかに…

あ
著作権《ちょさくけん》の本《ほん》のコーナーあったよ
著作権
えーと
著作権《ちょさくけん》まるっとわかるガイドブック
パラッ
著作権法《ちょさくけんほう》大全《たいぜん》……？
びっしり…
何《なん》かどれもむずかしそう……
あ、これはどう？
まんがつきの本《ほん》ならわかりやすそう！
おっいいじゃん
これにしよーぜ
ただいま～

ふーん……
パラ…
お姉《ねえ》ちゃんがいっていたとおり、
本《ほん》やまんが以外《いがい》にもいろいろなものに著作権《ちょさくけん》があるんだ〜
えっ
動画《どうが》にも
テレビ番組《ばんぐみ》にもあるの!?
どうしよう
この○○くんカッコよかった〜
あら〜!
この前《まえ》お母《かあ》さんにテレビ番組《ばんぐみ》の写真《しゃしん》を撮《と》って送《おく》っちゃったよ
おれもトモヤに動画《どうが》のスクリーンショット送《おく》っちゃった!
これカッケ〜!
18:20

あっ
まって
ここに個人的《こじんてき》な利用《りよう》ならいいって書《か》いてあるよ
個人的《こじんてき》な利用《りよう》？
たとえば……
SNS《エスエヌエス》とかでいろんな人《ひと》に見《み》せるのはダメだけど、
このTV おもしろかったよ 〜っと
これおもしろかったから送るね
自分《じぶん》のスマホのホーム画面《がめん》にするのはいいみたい
じゃあ、身近《みぢか》なともだちに画像《がぞう》を送《おく》ったり、
この前《まえ》みたいにユウタとまんがの貸《か》し借《か》りをしても大丈夫《だいじょうぶ》ってこと？
18:20
そういうことだね！
よ、よかった〜
大げさだな〜
へろ

インターネットと著作権《ちょさくけん》

インターネット上《じょう》にある作品《さくひん》の著作権《ちょさくけん》

インターネット上《じょう》にはさまざまな文章《ぶんしょう》やイラスト、写真《しゃしん》などがありますが、ほとんどのものは著作《ちょさく》物《ぶつ》で、著作者《ちょさくしゃ》には著作権《ちょさくけん》があります。無料《むりょう》で見《み》ることができるから「これはいいだろう」と軽《かる》い気持《きも》ちでコピーや転載《てんさい》をしていると、知《し》らない間《あいだ》にだれかの著作権《ちょさくけん》を侵《しん》害《がい》している場合《ばあい》もあります。使《つか》うときは、必《かなら》ず著作権《ちょさくけん》はだれにあるのかを確認《かくにん》しましょう。

インターネット上《じょう》での作品《さくひん》の使《つか》い方《かた》

▼プリントアウトもダメ？

気《き》に入《い》った文章《ぶんしょう》やイラストを印《いん》刷《さつ》して、自分《じぶん》だけで楽《たの》しむなら問《もん》題《だい》ありません。ともだちに配《くば》ったりすると、著作権侵害《ちょさくけんしんがい》になります。

▼みんなでサイトを見《み》るのは？

気《き》になるサイトのURL《ユーアールエル》をともだち同士《どうし》で共有《きょうゆう》するのは問題《もんだい》ありませんが、画像《がぞう》や文章《ぶんしょう》をグループチャットなどに送《おく》り、多《おお》くの人《ひと》が見《み》るのはダメな可能性《かのうせい》もあります。

うっかり著作権《ちょさくけん》を侵害《しんがい》している？

保存《ほぞん》したイラストをSNS《エスエヌエス》のアイコンにしたり、プリントアウトしたものをクラス全員《ぜんいん》で回覧《かいらん》したりすることが、実《じつ》は著作権《ちょさくけん》を侵害《しんがい》していることもあります。

フリー素材《そざい》を使用《しよう》するときも、利用規約《りようきやく》などはきちんと読《よ》んで、違反《いはん》をしていないか確認《かくにん》してから使《つか》うようにしましょう（112～115ページ）。

ネットへのアップロードも気《き》をつけよう

▼公衆送信権《こうしゅうそうしんけん》とは？

インターネットなどで著作物《ちょさくぶつ》をたくさんの人《ひと》に向《む》けて送信《そうしん》することに関《かん》する権利《けんり》です。

たとえば、イラストや写真《しゃしん》をインターネットにアップロードすることを言《い》います。

なにげなくインターネットに絵《え》や写真《しゃしん》をアップロードしているかもしれませんが、それも公衆送信《こうしゅうそうしん》権《けん》です。

気《き》がついたらやってる？公衆送信権侵害《こうしゅうそうしんけんしんがい》

たとえば、ともだちが描《か》いたイラストをかわいいからといって勝手《かって》にインターネットにアップロードすると、公衆送信権《こうしゅうそうしんけん》の侵害《しんがい》にあたります。

最近《さいきん》ではSNS《エスエヌエス》を活用《かつよう》する人《ひと》も多《おお》いと思《おも》いますが、そういった場《ば》所《しょ》に許可《きょか》なくともだちがつくったものなどをアップロードするのも侵害《しんがい》になります。

自分以外《じぶんいがい》の人《ひと》がつくったものをインターネットなどにアップロードするときは、必《かなら》ず本人《ほんにん》の許可《きょか》をとらなければならない、ということを覚《おぼ》えておきましょう。

CASE ともだちの動画《どうが》を勝手《かって》にネットへ

Aさんのスマホに、ともだちのBさんが撮影《さつえい》した動画《どうが》が送《おく》られてきました。なにげない街並《まちな》みを撮影《さつえい》したものでしたが、Aさんにはステキなものに感《かん》じられ、たくさんの人《ひと》に見《み》てもらいたいと考《かんが》えました。そこでAさんはSNS《エスエヌエス》にその動画《どうが》を投稿《とうこう》しましたが、Bさんに怒《おこ》られてしまいました。動画《どうが》は撮影《さつえい》をしたBさんに著作権《ちょさくけん》があり、勝手《かって》にアップロードすることは公衆送信権《こうしゅうそうしんけん》の侵害《しんがい》になります。

本《ほん》とまんがの著作権《ちょさくけん》

書《か》く（描《か》く）人《ひと》がもっている

小説《しょうせつ》を書《か》いた小説家《しょうせつか》、挿絵《さしえ》を描《か》いたイラストレーター、まんが家《か》などが著作権《ちょさくけん》をもっています。出版社《しゅっぱんしゃ》は、小説家《しょうせつか》やまんが家《か》から許可《きょか》をとって、本《ほん》に印刷《いんさつ》したり、電子書籍《でんししょせき》にしたりして販売《はんばい》・配信《はいしん》しています。本《ほん》やまんがの販売《はんばい》・配信《はいしん》はビジネスなので、印刷《いんさつ》や配信《はいしん》の対価《たいか》として著作者《ちょさくしゃ》にお金《かね》がしはらわれます。小説家《しょうせつか》やまんが家《か》は自分《じぶん》の作品《さくひん》が売《う》れることで生活《せいかつ》ができ、次《つぎ》の作品《さくひん》がつくれるようになるのです。

一方《いっぽう》、出版社《しゅっぱんしゃ》は自分《じぶん》の出版社《しゅっぱんしゃ》だけが独占《どくせん》して本《ほん》を出版《しゅっぱん》することを条件《じょうけん》にすることがあります。これを「出版権《しゅっぱんけん》」といい、著作者《ちょさくしゃ》の判断《はんだん》で出版権《しゅっぱんけん》が与《あた》えられます。

これらのことを、著者《ちょしゃ》と出版社《しゅっぱんしゃ》は「出版契約書《しゅっぱんけいやくしょ》」を交《か》わして約束《やくそく》をしています。契約書《けいやくしょ》には、電子書籍《でんししょせき》やオーディオブック、海外翻訳《かいがいほんやく》などをみとめるか、その際《さい》の使用料《しようりょう》なども決《き》めています。

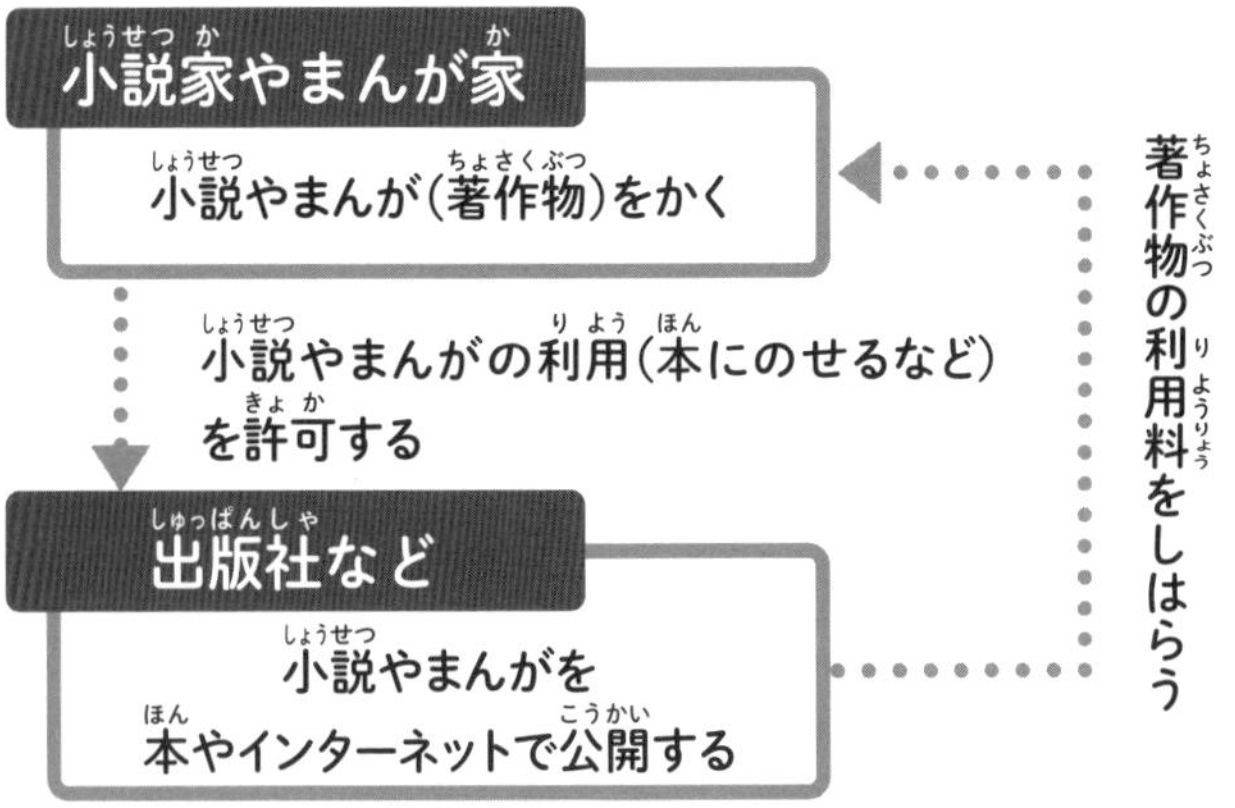
小説家《しょうせつか》やまんが家《か》
小説《しょうせつ》やまんが（著作物《ちょさくぶつ》）をかく
小説《しょうせつ》やまんがの利用《りよう》（本《ほん》にのせるなど）を許可《きょか》する
出版社《しゅっぱんしゃ》など
小説《しょうせつ》やまんがを本《ほん》やインターネットで公開《こうかい》する
著作物《ちょさくぶつ》の利用料《りようりょう》をしはらう

本《ほん》やまんがの貸《か》し借《か》りはダメ？

おもしろい小説《しょうせつ》やまんがは、まわりの人《ひと》たちにも読《よ》んでほしい、もっとたくさんの人《ひと》に読《よ》んでもらいたい！　と思《おも》うのではないでしょうか。その場合《ばあい》、家族《かぞく》のなかで貸《か》し借《か》りするのなら問題《もんだい》はありません。

でも、クラス中《じゅう》のともだちに貸《か》してはいけません。著作権《ちょさくけん》のルールでは、特定《とくてい》のともだちを超《こ》える範囲《はんい》の貸《か》し出《だ》しには著作者《ちょさくしゃ》の許可《きょか》が必要《ひつよう》です。

また、自分《じぶん》が好《す》きになった作品《さくひん》をともだちと楽《たの》しみたい！　という気《き》持《も》ちになったら、貸《か》すのではなく、ともだちにプレゼントしてみる、というのもよいかもしれません。

貸《か》してもらった小説《しょうせつ》やまんがが気《き》に入《い》った場合《ばあい》は、おこづかいの範囲《はんい》で、自分《じぶん》でも買《か》ってみるようにしましょう。一冊購入《いっさつこうにゅう》するだけでも作者《さくしゃ》を応援《おうえん》することにつながります。

本《ほん》やまんがを
買《か》うことで、
つくった人《ひと》にお金《かね》が
しはらわれるんだね

CASE

海賊版《かいぞくばん》はダメ

「海賊版《かいぞくばん》」という言葉《ことば》を聞《き》いたことはありませんか？

これは著作者《ちょさくしゃ》の許可《きょか》をとらずに勝手《かって》に複製《ふくせい》した本《ほん》やCD《シーディー》、DVD《ディーブイディー》などのことを言《い》います。最近《さいきん》では、まんがなどの内容《ないよう》を勝手《かって》にインターネットに公開《こうかい》する「海賊《かいぞく》版《ばん》サイト」もあります。無料《むりょう》でネットにアップされると、つい見《み》たくなってしまうかもしれません。しかし、海賊版《かいぞくばん》は著作権《ちょさくけん》をもっている作者《さくしゃ》を苦《くる》しめる行為《こうい》です。

テレビ番組《ばんぐみ》の著作権《ちょさくけん》

テレビ番組《ばんぐみ》の著作権《ちょさくけん》ってどうなっているの？

毎日《まいにち》なにげなく見《み》ているテレビ番組《ばんぐみ》。テレビ番組《ばんぐみ》は、たくさんの著作物《ちょさくぶつ》で成《な》り立《た》っている創作物《そうさくぶつ》です。

しかし、一言《ひとこと》で「テレビ番組《ばんぐみ》」と言《い》ってもその内容《ないよう》はさまざま。映画《えいが》もあれば、アニメやドラマもあります。すべてのテレビ局《きょく》が著《ちょ》作権《さくけん》をもっているのではなく、それぞれの作品《さくひん》をつくった人《ひと》や会社《かいしゃ》などが著作権《ちょさくけん》をもっています。

ネットにあげるのはNG《エヌジー》！

SNS《エスエヌエス》などのインターネットに、ニュースやドラマ、アニメといったテレビ番組《ばんぐみ》の動画《どうが》や写真《しゃしん》をアップロードしてはいけません。

テレビ番組《ばんぐみ》をつくった人《ひと》（著作《ちょさく》者《しゃ》）は、「公衆送信権《こうしゅうそうしんけん》」とよばれる著作権《ちょさくけん》をもちます。公衆送信権《こうしゅうそうしんけん》とは、テレビやラジオ、有線放送《ゆうせんほうそう》やインターネットなどを用《もち》いて自《じ》分《ぶん》の著作物《ちょさくぶつ》をたくさんの人《ひと》に送信《そうしん》できる権利《けんり》のことです。作品《さくひん》をどこに送信《そうしん》してよいかは、著作権者《ちょさくけんしゃ》が決《き》めることができます。

家族《かぞく》との貸《か》し借《か》りはOK《オーケー》

おもしろい番組《ばんぐみ》を家族《かぞく》のためにDVD《ディーブイディー》やブルーレイディスクとよばれる記録用《きろくよう》のディスクに録画《ろくが》するのは問題《もんだい》ありません。また、ともだちと録画《ろくが》したものをいっしょに家《いえ》で見《み》るのは違反《いはん》にはなりません。

動画《どうが》配信《はいしん》サービスを活用《かつよう》しよう！

見《み》のがしてしまったアニメやドラマを見《み》たいとき、録画《ろくが》をしていないと、もう見《み》ることができないのでしょうか。そんなときは動画《どうが》配信《はいしん》サービスを使《つか》いましょう。

動画《どうが》配信《はいしん》サービスとは1週間《しゅうかん》など決《き》められた期間《きかん》だけだれでも無《む》料《りょう》で見《み》ることができたり、有料《ゆうりょう》で会員《かいいん》になることで動画《どうが》配信《はいしん》サービスで配信《はいしん》されている番組《ばんぐみ》がいつでも見《み》られたりするサービスです。動画《どうが》配信《はいしん》サービスはテレビだけではなく、タブレットやスマートフォンでも見《み》ることができ、利用《りよう》が広《ひろ》まっています。

▼動画《どうが》配信《はいしん》サービスの録画《ろくが》はできない？

とても便利《べんり》な動画《どうが》配信《はいしん》サービスですが、注意《ちゅうい》しなければならないことがあります。配信《はいしん》されているものは、録画《ろくが》ができないということです。動画《どうが》配信《はいしん》サービスによっては、スマホなどにダウンロードできる機能《きのう》もありますが、これを無断《むだん》でアップロードしてはいけません。また、動画《どうが》配信《はいしん》サービスは配信《はいしん》されている間《あいだ》はいつでも見《み》ることができるので、録画《ろくが》できなくてもいつでも楽《たの》しむことができます。

テレビだけじゃなくてスマートフォンでも見《み》られて便利《べんり》だよね！

CASE

テレビ番組《ばんぐみ》を動画《どうが》ファイルで共有《きょうゆう》する

好《す》きなアイドルや俳優《はいゆう》がテレビに出演《しゅつえん》していたら、ともだちといっしょに見《み》たい！と思《おも》いますよね。基本《きほん》は同《おな》じ場所《ばしょ》、同《おな》じテレビでいっしょに見《み》ることは問題《もんだい》ありません。また、撮影《さつえい》したテレビ番組《ばんぐみ》を自分《じぶん》だけで楽《たの》しむのなら問題《もんだい》ありませんが、撮影《さつえい》した動画《どうが》ファイルをともだちに送《おく》ったり、SNS《エスエヌエス》などにアップするのはやめましょう。

動画《どうが》の著作権《ちょさくけん》

動画《どうが》にはさまざまな著作権《ちょさくけん》がかかわっている

なにげなく見《み》ている動画《どうが》。その著作権《ちょさくけん》はどこにあるのでしょうか。

実《じつ》は使《つか》われている音楽《おんがく》、うつっている著作物《ちょさくぶつ》や劇中《げきちゅう》のセリフなどには全《すべ》て著作権《ちょさくけん》があります。これら、動画《どうが》を形《かたち》づくる素材《そざい》にそれぞれ著作権《ちょさくけん》があるものが使《つか》われているほかに、動画《どうが》そのものにも著作権《ちょさくけん》が生《う》まれます。自分《じぶん》で動画《どうが》をつくる際《さい》には、著作権《ちょさくけん》に気《き》をつけましょう。

音楽《おんがく》を動画《どうが》に使《つか》うときの注意点《ちゅういてん》

ダンス動画《どうが》や、弾《ひ》き語《がた》り動画《どうが》に、音楽《おんがく》はかかせないもの。ただ、すべての動画《どうが》サイトやSNS《エスエヌエス》で音楽《おんがく》を使《つか》えるわけではありません。サイトそれぞれでルールがあるので、それぞれのサイトのルールを確認《かくにん》してから使用《しよう》しましょう。

音楽《おんがく》の著作物《ちょさくぶつ》は作詞家《さくしか》・作曲家《さっきょくか》が著作者《ちょさくしゃ》になりますが、多《おお》くの曲《きょく》を使《つか》う映像制作《えいぞうせいさく》や放送番組《ほうそうばんぐみ》で、一人《ひとり》ひとりの著作者《ちょさくしゃ》から許可《きょか》をとることは大変《たいへん》。逆《ぎゃく》に作詞家《さくしか》や作曲家《さっきょくか》の負担《ふたん》も大《おお》きくなります。そこで「日本音楽著作権協会《にほんおんがくちょさくけんきょうかい》（JASRAC《ジャスラック》）」などの団体《だんたい》が、音楽《おんがく》にかかわる著作権《ちょさくけん》の管理《かんり》をしています（69ページ）。

そして、JASRAC《ジャスラック》などと契約《けいやく》している動画《どうが》サイトやSNS《エスエヌエス》の場合《ばあい》は、自由《じゆう》に音楽《おんがく》を使《つか》うことができます。

動画《どうが》撮影《さつえい》をするときの注意点《ちゅういてん》

動画《どうが》を撮《と》ってよい場所《ばしょ》かの確認《かくにん》や、うつりこんでいるものにも、注意《ちゅうい》が必要《ひつよう》です。

美術館《びじゅつかん》やテーマパークのなかで動画《どうが》を撮影《さつえい》する場合《ばあい》には、「撮影禁止《さつえいきんし》」や「アップロード禁止《きんし》」などが定《さだ》められていないか確認《かくにん》しよう。

ポスターやキャラクターの一部《いちぶ》がうつりこむことや、その場《ば》で流《なが》れていた音楽《おんがく》が入《はい》るのはOK《オーケー》。ポスターやキャラクターのみを撮影《さつえい》したいときは、許可《きょか》をとろう。

Check スクリーンショットの楽《たの》しみ方《かた》

「スクリーンショット」とは、スマホの画面《がめん》を画像《がぞう》として保存《ほぞん》できる機能《きのう》のことです。「スクショ」とも言《い》います。個人《こじん》で楽《たの》しむ場合《ばあい》なら、アニメやマンガのワンシーンをスクショして、画像《がぞう》として保存《ほぞん》することができます。

自分《じぶん》だけのためにイラストなどをスクショすることもOK《オーケー》です。ただし、スクショしたものをネットで公開《こうかい》したり、SNS《エスエヌエス》に投稿《とうこう》したりすると著作権違反《ちょさくけんいはん》になってしまうので気《き》をつけましょう。

ゲーム実況《じっきょう》の著作権《ちょさくけん》

ゲーム実況《じっきょう》ってどんなもの？

動画《どうが》にはさまざまなジャンルがありますが、そのなかのひとつが「ゲーム実況《じっきょう》」です。ゲームをプレイしながら実況《じっきょう》し、録画《ろくが》したものをアップロードしたり、配信《はいしん》をおこなったりします。

ゲーム実況《じっきょう》は、ゲームというひとつの作品《さくひん》（著作物《ちょさくぶつ》）を使《つか》って投稿《とう》されていますが、いったい、どのようなルールで公開《こうかい》されているのでしょうか？

ゲーム実況《じっきょう》のしくみ

ゲーム会社《がいしゃ》

会社《かいしゃ》としてゲーム（著作物《ちょさくぶつ》）をつくる

↓

ゲーム実況《じっきょう》（著作物《ちょさくぶつ》の利用《りよう》）を許可《きょか》
ガイドラインを発表《はっぴょう》

↓

ゲーム実況者《じっきょうしゃ》

ガイドラインのルールにしたがって、ゲームの実況動画《じっきょうどうが》を動画《どうが》サイトで公開《こうかい》・配信《はいしん》する

ゲームはゲーム会社《がいしゃ》の著作物《ちょさくぶつ》。そして、そのゲームに対《たい》してゲーム実況《じっきょう》をしてもよいかどうかなどのルールを決《き》め、ホームページなどにガイドラインをのせています。実況《じっきょう》する前《まえ》に、必《かなら》ずガイドラインを確認《かくにん》しましょう。

ゲーム実況《じっきょう》のルール

配信《はいしん》したいゲームの実況《じっきょう》ルールを確認《かくにん》しましょう。

▼企業《きぎょう》が決《き》めたゲームのガイドライン

ゲームをつくった会社《かいしゃ》の多《おお》くは、ゲーム実況《じっきょう》に関《かん》するルールをまとめた「ガイドライン」というルールを出《だ》しています。なかには、ゲーム実況《じっきょう》の配信《はいしん》を制限《せいげん》したり、禁止《きんし》している場合《ばあい》もあります。確認《かくにん》せずにルールを守《まも》らず実況《じっきょう》をおこなうと、著作権侵害《ちょさくけんしんがい》として、うったえられてしまう場合《ばあい》もあります。

▼作品《さくひん》によってルールがちがうことも

同《おな》じゲーム会社《がいしゃ》がつくっていたとしても、すべてのゲームのガイドラインが同《おな》じとはかぎりません。Aのゲームがよくても、Bのゲームはダメな場合《ばあい》もあるので、必《かなら》ず実況《じっきょう》したいゲームのルールを確認《かくにん》するようにしてください。

ガイドラインを確認《かくにん》する場合《ばあい》は、ゲームの公式《こうしき》サイトや「作品《さくひん》名《めい》+ガイドライン」や「作品名《さくひんめい》+規約《きやく》」などで検索《けんさく》してみましょう。

ルールを守《まも》らないとゲーム実況《じっきょう》じたいができなくなるかも

Check 「切《き》り抜《ぬ》き動画《どうが》」はOK《オーケー》？

切《き》り抜《ぬ》き動画《どうが》とは、動画《どうが》のあるシーンを切《き》り抜《ぬ》いて公開《こうかい》している動画《どうが》のことです。動画《どうが》は、動画《どうが》をつくった著作者《ちょさくしゃ》に著作権《ちょさくけん》があるので、著作者《ちょさくしゃ》が許可《きょか》を出《だ》していなければ切《き》り抜《ぬ》き動画《どうが》をつくることはできません。

動画《どうが》の著作者《ちょさくしゃ》がルールを決《き》めている場合《ばあい》が多《おお》いので、一度《いちど》チェックしてみるようにしましょう。また、切《き》り抜《ぬ》きに関《かん》することだけではなく、著作者《ちょさくしゃ》がこまかくルールを決《き》めている場合《ばあい》があるので確認《かくにん》を忘《わす》れずに。これはゲーム実況《じっきょう》だけに限《かぎ》らず、すべての動画《どうが》に言《い》えることです。

Episode 2

SNS《エスエヌエス》に写真《しゃしん》を投稿《とうこう》するときは?

あ!
どうしたの?
この前《まえ》マナちゃんと遊《あそ》んだときの写真《しゃしん》がおくられてきて……
アルバム
おー! 見《み》せて見《み》せて
あ、この写真《しゃしん》いいじゃん
SNS《エスエヌエス》に投稿《とうこう》したら?

えっ、マナちゃんにいわないで勝手《かって》に投稿《とうこう》していいのかな？
大丈夫《だいじょうぶ》じゃない？ともだちだし……
それにおれもこの前《まえ》……
トトトト
水族館《すいぞくかん》に家族《かぞく》で行《い》ったときの写真《しゃしん》、投稿《とうこう》してるよ
ホラ
ユータ
家族《かぞく》と水族館《すいぞくかん》いってきた！
ええっ、いつのまに！
でもSNS《エスエヌエス》ってだれが見《み》てるかわからないよ？
それに……なにか著作権《ちょさくけん》の問題《もんだい》があるかも？
うーん、たしかに……
でも自分《じぶん》で撮《と》った写真《しゃしん》だよ？
ダダダダ

ガ
ユ、ユウター!!
うわー!?
チャッ
お、お姉《ねえ》ちゃんどうしたの!?
ユウタがSNS《エスエヌエス》に投稿《とうこう》した写真《しゃしん》を見《み》たら……
Zz…
私《わたし》、すごい白目《しろめ》むいてるんだけど
ほ……ほんとだ!
ヒーww
す、すごい顔《かお》!!
笑《わら》いごとじゃないんだが!
ご、ごめんなさい~
ガク
ガク
!!!
目が回る~
お姉《ねえ》ちゃん、SNS《エスエヌエス》と著作権《ちょさくけん》ってなにか関《かか》わりがあるの?

SNS《エスエヌエス》に関《かか》わる著作権《ちょさくけん》といえば……
やっぱり「公衆送信権《こうしゅうそうしんけん》」かな? インターネット上《じょう》で著作物《ちょさくぶつ》をいろいろな人《ひと》に送《おく》ることができる権利《けんり》だね
著作者
SNS《エスエヌエス》に写真《しゃしん》を投稿《とうこう》する
動画《どうが》サイトに投稿《とうこう》する　など
著作権《ちょさくけん》ではないけど、関《かか》わりがあるのは「肖像権《しょうぞうけん》」
自分《じぶん》の顔《かお》を勝手《かって》に撮《と》られたり、公開《こうかい》されたりしない権利《けんり》のことね
ユウタの場合《ばあい》は自分《じぶん》で撮《と》った写真《しゃしん》だけど、肖像権侵害《しょうぞうけんしんがい》になるの
だからまずは……
が
相手《あいて》に許可《きょか》をとる!!
ぱっ
復活《ふっかつ》した
そうだよ! 家族《かぞく》にもちゃんと確認《かくにん》してね
はい……ごめんなさい!

写真《しゃしん》の著作権《ちょさくけん》

写真《しゃしん》も著作権《ちょさくけん》で守《まも》られる

写真《しゃしん》も創作物《そうさくぶつ》にあたるので、もちろん撮《と》った人《ひと》に著作権《ちょさくけん》があります。

そのため、SNS《エスエヌエス》などに掲載《けいさい》した写真《しゃしん》が勝手《かって》に別《べつ》のサイトなどで使《つか》われていた場合《ばあい》は、著作権《ちょさくけん》を侵《しん》害《がい》されていることになります。

著作権《ちょさくけん》以外《いがい》に、写真《しゃしん》にうつっているものによっては、肖像権《しょうぞうけん》や商《しょう》標権《ひょうけん》などといったものがかかわってくる場合《ばあい》もあります。

オリジナリティのある写真《しゃしん》って？

観光地《かんこうち》にあるフォトスポットなどで、複数《ふくすう》の人《ひと》が同《おな》じ場所《ばしょ》、同《おな》じ時間帯《じかんたい》で写《しゃ》真《しん》を撮《と》れば、どうしても似《に》た写真《しゃしん》になってしまいます。

著作物《ちょさくぶつ》としてみとめられるには、やはりオリジナリティが必要《ひつよう》になります。むずかしいことのように感《かん》じられますが、ポイントとなるのは構図《こうず》や色味《いろみ》などです。

施設《しせつ》などの指定《してい》された場所《ばしょ》で撮影《さつえい》した富士山《ふじさん》。

▲著作物《ちょさくぶつ》としてみとめられない場合《ばあい》も

桜《さくら》の枝《えだ》が手前《てまえ》に入《はい》るように撮影《さつえい》した富士山《ふじさん》。

▲著作物《ちょさくぶつ》としてみとめられる

▼構図《こうず》

構図《こうず》とは、うつっている人《ひと》がどんなふうに並《なら》んでいるか、どんなポーズをとっているか、物《もの》の場合《ばあい》はどんなふうに並《なら》べられているか、ということをいいます。

構図《こうず》はあくまでアイデアなので、似《に》ている構図《こうず》だとしても著作《ちょさく》権侵害《けんしんがい》にはなりません。ただ、どこまでが構図《こうず》で、どこからが表現《ひょうげん》なのか判断《はんだん》がむずかしいことも。

例《れい》として挙《あ》げられるのがフォトスポットなどの写真《しゃしん》です。そういった写真《しゃしん》は、著作物《ちょさくぶつ》としてみとめられない場合《ばあい》もあります。

▼色味《いろみ》

写真《しゃしん》の「色味《いろみ》」はうつっているものの色《いろ》のことをいいますが、それ以外《いがい》にもたくさんの要素《ようそ》があります。光《ひかり》がどのようにあたっているかだったり、カメラの設定《せってい》を調《ちょう》整《せい》して写真全体《しゃしんぜんたい》の色《いろ》を青《あお》っぽくしたり、黄色《きいろ》っぽくしたりするのも色味《いろみ》にあてはまります。

最近《さいきん》は写真《しゃしん》の加工《かこう》ができるので、加工《かこう》のしかたも写真《しゃしん》の個性《こせい》に大《おお》きくかかわってきます。

CASE ほかの人《ひと》の写真《しゃしん》を勝手《かって》に加工《かこう》するのはNG《エヌジー》

中学《ちゅうがく》1年生《ねんせい》のCさんはともだちがSNS《エスエヌエス》にあげていた写真《しゃしん》を「すてきだな」と思《おも》い、保存《ほぞん》しました。でも、「こうしたらもっとよくなるかも！」と勝手《かって》に加工《かこう》をしてSNS《エスエヌエス》にアップしたところ、ともだちから「勝手《かって》に私《わたし》の写真《しゃしん》を使《つか》わないで！」と怒《おこ》られてしまいました。ともだちであったとしても、他人《たにん》の写真《しゃしん》を勝手《かって》に使《つか》うのはもちろん、加工《かこう》するのもいけないことです。

SNS《エスエヌエス》に写真《しゃしん》を投稿《とうこう》したい！

すてきに撮《と》れた写真《しゃしん》を投稿《とうこう》する

いい写真《しゃしん》が撮《と》れると、「SNS《エスエヌエス》にあげたい！」と思《おも》うもの。でもアップロードする前《まえ》に、もう一度《いちど》、写真《しゃしん》を確認《かくにん》しましょう。SNS《エスエヌエス》にアップしてはいけないものが、うつりこんでいませんか？

自分《じぶん》で撮《と》った写真《しゃしん》は、自分《じぶん》が著《ちょ》作権《さくけん》をもっているので自由《じゆう》に投稿《とうこう》できますが、肖像権《しょうぞうけん》やうつりこみ、被写体《ひしゃたい》など気《き》をつけないといけないことがあります。

肖像権《しょうぞうけん》ってなに？

肖像権《しょうぞうけん》とは、自分《じぶん》の姿形《すがたかたち》を勝手《かって》に写真撮影《しゃしんさつえい》されたり、公開《こうかい》されたりしない権利《けんり》のことです（51ページ）。自分《じぶん》の顔《かお》や姿《すがた》も大切《たいせつ》な個人《こじん》情報《じょうほう》です。知《し》らない人《ひと》に向《む》けて公《こう》開《かい》されると、トラブルにまきこまれる場合《ばあい》もあります。

最近《さいきん》では、SNS《エスエヌエス》が普及《ふきゅう》してきたため、芸能人《げいのうじん》でなくても自分《じぶん》の顔《かお》がたくさんの人《ひと》の目《め》に触《ふ》れる場《ば》所《しょ》に公開《こうかい》されてしまう機会《きかい》が増《ふ》えています。

CASE

自分《じぶん》の顔写真《かおじゃしん》が勝手《かって》に使《つか》われた！

中学《ちゅうがく》1年生《ねんせい》のDさんは、ともだちと遊《あそ》びに出《で》かけたときにいっしょに撮《と》った写真《しゃしん》をSNS《エスエヌエス》に投稿《とうこう》しました。すると、知《し》らないアカウントで、自分《じぶん》の顔写真《かおじゃしん》が使《つか》われているのを見《み》つけました。個人情報《こじんじょうほう》である顔写真《かおじゃしん》は、インターネットには気軽《きがる》にのせないようにしましょう。

うつりこんでいるものに注意《ちゅうい》しよう

写真《しゃしん》にうつりこんでいて困《こま》るものはどういったものでしょうか。

▼個人情報《こじんじょうほう》が特定《とくてい》できるもの

その人《ひと》がだれかを特定《とくてい》できるものがうつりこんでいないか、チェックしましょう。住所《じゅうしょ》や名前《なまえ》などが代表的《だいひょうてき》ですが、制服《せいふく》なども学校《がっこう》が特定《とくてい》できるので注意《ちゅうい》が必要《ひつよう》です。

また、できれば自分《じぶん》の家《いえ》の近所《きんじょ》や、最寄《もよ》り駅《えき》の写真《しゃしん》もアップするのはさけるようにしましょう。まわりの景色《けしき》から、住所《じゅうしょ》が特定《とくてい》される危険性《きけんせい》があります。

▼他人《たにん》の著作物《ちょさくぶつ》

雑誌《ざっし》の記事《きじ》や新聞記事《しんぶんきじ》など、他《た》人《にん》の著作物《ちょさくぶつ》を撮影《さつえい》して無許可《むきょか》でS《エス》NS《エヌエス》に投稿《とうこう》するのはNG《エヌジー》です。

ただし、少《すこ》しのうつりこみである場合《ばあい》には例外的《れいがいてき》に許可《きょか》を得《え》ずに投稿《とうこう》してもOK《オーケー》です。

▼許可《きょか》がとれていない人《ひと》やもの

家《いえ》のなかで撮《と》るとき以外《いがい》は必《かなら》ず確認《かくにん》をとりましょう。たとえばお店《みせ》で撮《と》る場合《ばあい》は「写真《しゃしん》を撮《と》ってもいいですか？」と一言確認《ひとことかくにん》をしましょう。「店内《てんない》は撮影禁止《さつえいきんし》」「写真《しゃしん》は手《て》もとだけ」など、そのお店《みせ》ならではのルールがある場合《ばあい》もあります。もちろん、写真《しゃしん》を撮《と》ってはいけないお店《みせ》もあります。

ほかの人《ひと》がうつってしまっている場《ば》合《あい》は、加工《かこう》でぼかしたりかくしたりしよう。
「手《て》もとだけ」など、撮《さつ》影《えい》のルールを守《まも》ろう。

有名人《ゆうめいじん》の写真《しゃしん》

ほかの人《ひと》の写真《しゃしん》とはちがう権利《けんり》がある

ここまでは、自分《じぶん》やともだち、家族《かぞく》との写真《しゃしん》についてのことでした。自分以外《じぶんいがい》の人《ひと》の写真《しゃしん》を撮《と》る際《さい》にもさまざまなことを確認《かくにん》しなければなりませんでした。

では、アイドルやタレントなどの芸能人《げいのうじん》や、スポーツ選手《せんしゅ》の写真《しゃしん》はどうなのでしょうか。日々《ひび》、テレビや雑誌《ざっし》などで見《み》ている有名人《ゆうめいじん》の写真《しゃしん》には、実《じつ》はさらにこまかい権利《けんり》があります。

パブリシティ権《けん》とプライバシー権《けん》

有名人《ゆうめいじん》の写真《しゃしん》には次《つぎ》のような権利《けんり》があります。

▼パブリシティ権《けん》

パブリシティ権《けん》は、有名人《ゆうめいじん》の写真《しゃしん》、サイン、名前《なまえ》など、お客《きゃく》さんを引《ひ》きつける力《ちから》のあるものを勝手《かって》に商品《しょうひん》や広告《こうこく》などに使《つか》わせない権利《けんり》です。

▼プライバシー権《けん》

プライバシー権《けん》とは、私生活《しせいかつ》を勝手《かって》に公表《こうひょう》されない権利《けんり》のことをいいます。名前《なまえ》や住所《じゅうしょ》、学校《がっこう》、家族《かぞく》のこと、有名人《ゆうめいじん》であっても勝手《かって》に撮影《さつえい》された写真《しゃしん》などを、本人《ほんにん》が知《し》らないうちに公表《こうひょう》してはいけません。個人《こじん》を守《まも》るために、法律《ほうりつ》で決《き》められています。プライバシー権《けん》は、有名人《ゆうめいじん》だけではなく、私《わたし》たちももっています。

肖像権《しょうぞうけん》

自分《じぶん》の姿形《すがたかたち》を無断《むだん》で撮影《さつえい》されたり公表《こうひょう》されたりしない権利《けんり》。

パブリシティ権《けん》

有名人《ゆうめいじん》が、自分《じぶん》の姿形《すがたかたち》や氏名《しめい》をビジネスで使用《しよう》する権利《けんり》。

※どちらも権利《けんり》を定《さだ》めた法律《ほうりつ》がなく、裁判《さいばん》でみとめられた権利《けんり》

写真《しゃしん》で気《き》をつけるポイント

他人《たにん》が撮《と》った写真《しゃしん》は、撮《と》った人《ひと》の許可《きょか》なく、アレンジしてはいけません。

▼写真《しゃしん》の切《き》り抜《ぬ》きや加工《かこう》をSNS《エスエヌエス》に投稿《とうこう》していいの？

自分《じぶん》が撮影《さつえい》していない写真《しゃしん》の切《き》り抜《ぬ》きや加工《かこう》は、個人《こじん》で楽《たの》しむ目的《もくてき》以外《いがい》は撮影《さつえい》した人《ひと》の著作権《ちょさくけん》を侵害《しんがい》するのでNG《エヌジー》です。

またSNS《エスエヌエス》などに投稿《とうこう》するのも「公衆送信権《こうしゅうそうしんけん》」の侵害《しんがい》になります。勝手《かって》にアップロードしないように注意《ちゅうい》しましょう。

▼写真《しゃしん》を使《つか》ったグッズの販売《はんばい》

芸能人《げいのうじん》やスポーツ選手《せんしゅ》など、有名人《ゆうめいじん》の写真《しゃしん》や名前《なまえ》を勝手《かって》にビジネスに使《つか》うことはパブリシティ権《けん》を侵害《しんがい》しています。もちろん、インターネットにあってだれでも見《み》られるからといって、有名人《ゆうめいじん》の写真《しゃしん》でグッズをつくって売《う》ってはいけません。どうしてもグッズをつくりたいときは、許可《きょか》をとるようにしましょう。

あくまでも自分《じぶん》やまわりの人《ひと》とだけ楽《たの》しんでね！

Episode 3

ダンス動画《どうが》を投稿《とうこう》したい!

わー! このふりつけかわいいい!
おどって、ダンス教室《きょうしつ》の動画《どうが》チャンネルに投稿《とうこう》してみようかな?
○○おどってみた!
ハッ
そういえばこのあいだ……先生《せんせい》が
ダンス動画《どうが》を投稿《とうこう》したいときは、著作権侵害《ちょさくけんしんがい》にならないように注意《ちゅうい》が必要《ひつよう》だよ!
っていってたっけ?
そもそも著作権《ちょさくけん》ってなんだろう……

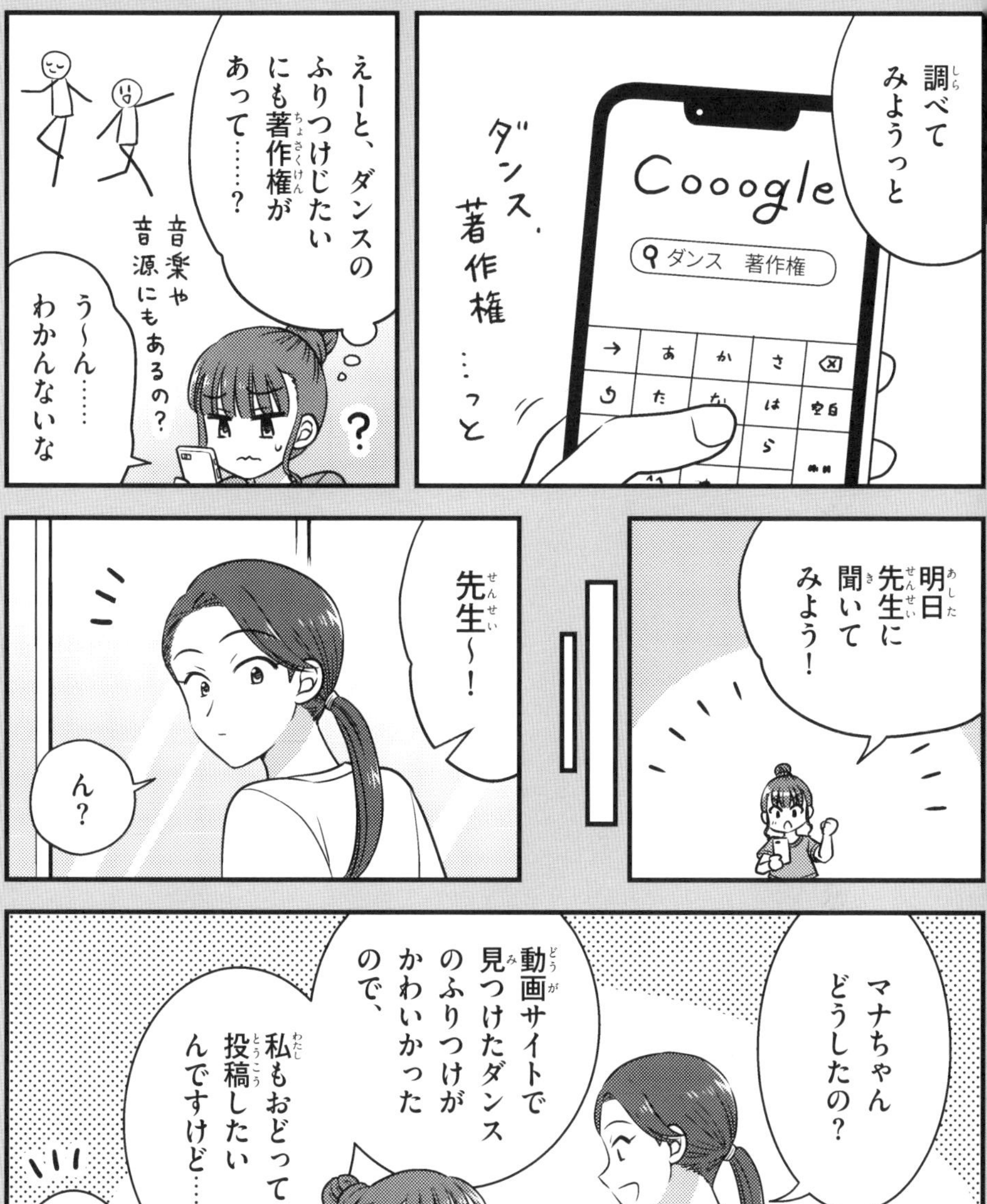
調《しら》べてみようっと
ダンス、著作権……っと
Cooogle
ダンス　著作権
えーと、ダンスのふりつけじたいにも著作権《ちょさくけん》があって……？
音楽や音源にもあるの？
う～ん……わかんないな
明日《あした》先生《せんせい》に聞《き》いてみよう！
先生《せんせい》～！
ん？
マナちゃんどうしたの？
動画《どうが》サイトで見《み》つけたダンスのふりつけがかわいかったので、
私《わたし》もおどって投稿《とうこう》したいんですけど……
なるほどね

それなら、まずはふりつけをした人《ひと》に許可《きょか》をとろうか
どうやって？
動画《どうが》サイトやその人《ひと》のSNS《エスエヌエス》アカウントに
メールアドレスがのっているなら、メールをしてみるのがいいかな
メールをするときは、SNS《エスエヌエス》なのか教室《きょうしつ》の発表会《はっぴょうかい》なのか
SNS？
発表会？
○○おどってみた！
どこでどんなふうにひろうするのかも伝《つた》えるんだよ
ダンスのふりつけにも著作権《ちょさくけん》があるから、勝手《かって》に使《つか》うのはNG《エヌジー》ね
どーせバレないし
勝手に使っちゃえ
ハイ！
わたしも手伝《てつだ》うから、いっしょに許可《きょか》どりしてみようか
ありがとう先生《せんせい》！

後日《ごじつ》
マナちゃん！
この前《まえ》のダンスのふりつけの件《けん》なんだけど……
お返事《へんじ》きたんですか？
うん…でも今回《こんかい》はことわられちゃった
ダメなのかあ
ざんねん…
それでなんだけど、マナちゃんが自分《じぶん》でふりつけをしてみるのはどうかな？
自分《じぶん》で？
そうそう、自分《じぶん》でつくるのも楽《たの》しいよ
たしかに……
やったことないし、チャレンジしてみたい！
できたら動画《どうが》チャンネルに投稿《とうこう》しようね
うん！がんばるぞー

ダンスの著作権《ちょさくけん》

ふりつけにも著作権《ちょさくけん》がある

最近《さいきん》、SNS《エスエヌエス》や動画《どうが》サイトで多《おお》く見《み》られるダンス動画。ダンスのふりつけにも著作権《ちょさくけん》があります。

ふりつけにはたくさんの基本的《きほんてき》なステップなどがありますが、それらを組《く》みあわせて、ひとつの流《なが》れをオリジナルでつくっているからです。

ただ、個人《こじん》やグループでおどるだけでだれにも見《み》せないなら、著作権《ちょさくけん》の侵害《しんがい》にはなりません。

ダンスの動画《どうが》を投稿《とうこう》したいとき

ふりつけの著作者《ちょさくしゃ》に許可《きょか》をとることが原則《げんそく》ですが、ダンスのふりつけをした人《ひと》を調《しら》べて探《さが》し、直接《ちょくせつ》連絡《れんらく》するのはむずかしいでしょう。

しかし、テレビ番組《ばんぐみ》のキャンペーンやSNS《エスエヌエス》のハッシュタグチャレンジで「おどってみた」などのダンス投稿《とうこう》を募集《ぼしゅう》していたらOK《オーケー》。拡散《かくさん》してほしいキャンペーンだから、投稿《とうこう》したら喜《よろこ》んでもらえます。

キャンペーンなどがなくても、どうしても投稿《とうこう》したいときは、ふりつけをつくった人《ひと》を探《さが》して、メールなどで問《と》い合《あ》わせてみましょう。

▼音楽《おんがく》を使《つか》っていい動画《どうが》サイトに投稿《とうこう》しよう

SNS《エスエヌエス》や動画《どうが》サイトによって、使《つか》える音楽《おんがく》が制限《せいげん》されている場合《ばあい》があります。それぞれのサイトによってルールが異《こと》なります（38ページ）。

投稿《とうこう》する前《まえ》に、ダンスで使《つか》う音楽《おんがく》を使《つか》ってもいいかどうかも確認《かくにん》する必要《ひつよう》があります。

アイドルのダンスの著作権《ちょさくけん》はだれのもの？

アイドルなどがステージでパフォーマンスをするダンスのなかには、ふりつけをつくる「ふりつけ師《し》」とよばれる人《ひと》が考《かんが》えたものがあります。

しかし、ダンスをおどっているのはアイドルです。この場合《ばあい》、ダンスの著作権《ちょさくけん》は、だれのものになるのでしょうか？

このような場合《ばあい》は、ふりつけ師《し》が著作権《ちょさくけん》をもつことになります。ふりつけ師《し》がつくったダンスをおどるアイドルは、「著作隣接権《ちょさくりんせつけん》」というまた別《べつ》の権利《けんり》をもつことになるのです。

ふりつけ師《し》（著作権《ちょさくけん》をもつ）

音楽《おんがく》などにあわせて、ステップや動《うご》きを組《く》みあわせてダンスのふりつけ（著作物《ちょさくぶつ》）をつくる。

↓ ダンスのふりつけ（著作物《ちょさくぶつ》）を提供《ていきょう》

アイドル（著作隣接権《ちょさくりんせつけん》をもつ）

ふりつけ師《し》がつくったダンスのふりつけを使《つか》って、パフォーマンスをする。

Check 著作隣接権《ちょさくりんせつけん》ってなに？

アイドルなどのように、ふりつけをつくってはいませんが、ふりつけを伝《つた》える立《たち》場《ば》の人《ひと》は重要《じゅうよう》な存在《そんざい》です。ダンスや歌《うた》などの著作物《ちょさくぶつ》を世《よ》の中《なか》に広《ひろ》めるのに重要《じゅうよう》な役《やく》割《わり》を果《は》たす人《ひと》たちに与《あた》えられる権利《けんり》を著作隣接権《ちょさくりんせつけん》といいます。これはおどりのふりつけだけではありません。音楽《おんがく》（作詞《さくし》や作曲《さっきょく》）を世《よ》の中《なか》に広《ひろ》めるためには、それを演《えん》奏《そう》したり歌《うた》ったりする人《ひと》、その演奏《えんそう》を配信《はいしん》や音楽《おんがく》CD《シーディー》にするために録音《ろくおん》する人《ひと》たちなどがいます。ダンサーだけではなく、歌手《かしゅ》、演奏家《えんそうか》、俳優《はいゆう》などの実演家《じつえんか》や、音《おと》を録《ろく》音《おん》するレコード製作者《せいさくしゃ》などに著作隣接権《ちょさくりんせつけん》が与《あた》えられます。

イラストの著作権《ちょさくけん》

ほかの人《ひと》が描《か》いたイラストを使《つか》いたいとき

ほかの人《ひと》が描《か》いたイラストは、インターネットや本《ほん》で見《み》ることができます。すてきなイラストだと、使用《しよう》してみたいと思《おも》うこともありますよね。

ここでは、ほかの人《ひと》が描《か》いたイラストを使《つか》うときに、気《き》をつけなければならないポイントを紹介《しょうかい》します（自分《じぶん》が描《か》いたイラストの著作権《ちょさくけん》については、104ページを見《み》てください）。

ほかの人《ひと》が描《か》いたイラストの楽《たの》しみ方《かた》

ほかの人《ひと》のイラストを使用《しよう》するときは、自分《じぶん》だけが見《み》るのか、ほかの人《ひと》も見《み》るのかで変《か》わります。

▼自分《じぶん》のスマートフォンのかべ紙《がみ》にする

お気《き》に入《い》りのイラストは、すぐに見《み》られる状態《じょうたい》にあるとうれしいですよね。スマートフォンのかべ紙《がみ》に設定《せってい》するなど、自分《じぶん》だけが見《み》られるかたちでイラストを保存《ほぞん》したり、使用《しよう》するのはOK《オーケー》です。

▼許可《きょか》をとってから使用《しよう》する

SNS《エスエヌエス》のアイコンなど、ほかの人《ひと》の目《め》に触《ふ》れる場所《ばしょ》で使《つか》うときなどは、イラストを描《か》いた人《ひと》に直接《ちょくせつ》、許可《きょか》をとる必要《ひつよう》があります。また、そのときは必《かなら》ず、何《なに》に使用《しよう》したいかを伝《つた》えましょう。アイコンとして使用《しよう》してよい、として公開《こうかい》されている画像《がぞう》もありますので利用《りよう》しましょう。

自分《じぶん》だけが楽《たの》しむなら
紙《かみ》に印刷《いんさつ》してかざっても
いいんだね！

トレースってなに？

トレースとは、写真《しゃしん》やイラストの上《うえ》からなぞって、もとの絵《え》と同《おな》じ絵《え》を描《か》くことをいいます。絵《え》の上達《じょうたつ》のために、トレースをして練《れん》習《しゅう》をするという人《ひと》もいます。

▼トレースしたもののあつかいに注意《ちゅうい》

トレースは複製権《ふくせいけん》にかかわる行《こう》為《い》です。練習《れんしゅう》や自分《じぶん》で楽《たの》しむ用途《ようと》以外《いがい》で、もとのイラストを描《か》いた人《ひと》の許可《きょか》なしに、勝手《かって》にトレースをすることはできません。また、トレースした絵《え》を「自分《じぶん》で描《か》いた」と言《い》ったり、インターネットに上《あ》げたりすることはできません。ほかの人《ひと》のイラストを描《か》きうつして描《か》いた場合《ばあい》には著作権侵害《ちょさくけんしんがい》となりますが、偶然《ぐうぜん》似《に》てしまった場合《ばあい》はどちらもオリジナルになります。

また、「画風《がふう》」をマネただけでは著作権侵害《ちょさくけんしんがい》になりません。著作《ちょさく》権《けん》はあくまでも「表現《ひょうげん》」した作品《さくひん》を保護《ほご》する権利《けんり》だからです。

CASE これって著作権侵害《ちょさくけんしんがい》？

中学《ちゅうがく》２年生《ねんせい》のEさんは、自分《じぶん》が描《か》いたイラストをSNS《エスエヌエス》に投稿《とうこう》しました。後日《ごじつ》、ほかの人《ひと》が自分《じぶん》のイラストと同《おな》じようなイラストをSNS《エスエヌエス》に投稿《とうこう》しているのを発《はっ》見《けん》します。「イラストをパクられた（ぬすまれた）」と感《かん》じたEさんですが、似《に》ているだけかもしれませんし、偶然同《ぐうぜんおな》じ構図《こうず》になっただけかもしれません。じっさいに著作権侵害《ちょさくけんしんがい》かどうかの判断《はんだん》はとてもむずかしいものです。

無断転載《むだんてんさい》はなぜダメなの？

無断転載《むだんてんさい》ってどういう行為《こうい》？

「無断転載《むだんてんさい》」とは、ほかの人《ひと》のイラストや動画《どうが》を著作権《ちょさくけん》をもっている人《ひと》の許可《きょか》なく、自分《じぶん》の作品《さくひん》やSNS《エスエヌエス》にのせることをいいます。

もしかすると、「もっとたくさんの人《ひと》に見《み》てもらえるから、いいことじゃないの？」と思《おも》ったり、つくった人《ひと》がよろこぶと思《おも》ったりしている人《ひと》もいるかもしれません。

しかし、これはやってはいけないことなのです。

▼著作権法《ちょさくけんほう》に違反《いはん》する行為《こうい》

無断転載《むだんてんさい》は、ほかの人《ひと》が著作権《ちょさくけん》をもっている作品《さくひん》を勝手《かって》にコピーしたことと同《おな》じで、著作権《ちょさくけん》の侵害《しんがい》になります。

無断転載《むだんてんさい》以外《いがい》でも、ほかの人《ひと》がつくった作品《さくひん》を使《つか》うことによる違反行為《いはんこうい》は多《おお》いです。「おもしろいところだけでいいから見《み》てほしい！」と思《おも》って勝手《かって》にのせることもあるかもしれませんが、それもNG《エヌジー》。つくった人《ひと》にもっと広《ひろ》めたいことを伝《つた》え、許可《きょか》をとってからにしましょう。

著作権《ちょさくけん》の侵害《しんがい》	侵害《しんがい》している権利《けんり》
ほかの人《ひと》のイラストをトレースしたイラストをSNS《エスエヌエス》に投稿《とうこう》する。	・複製権《ふくせいけん》 ・公衆送信権《こうしゅうそうしんけん》
ほかの人《ひと》のイラストを勝手《かって》に使《つか》って、グッズをつくる。	・複製権《ふくせいけん》
ほかの人《ひと》の動画《どうが》を加工《かこう》して、動画《どうが》サイトに投稿《とうこう》する。	・翻訳権《ほんやくけん》／翻案権《ほんあんけん》 ・公衆送信権《こうしゅうそうしんけん》

さらに悪意《あくい》のあるケースも

「とてもすてきなものだから広《ひろ》めたい」という気持《きも》ちからの無断《むだん》転載《てんさい》もよくありませんが、さらに悪《わる》いのが、無断転載《むだんてんさい》した作品《さくひん》を「これは私《わたし》が描《か》いたイラストです」のようにウソをつくことです。描《か》いた人《ひと》を傷《きず》つけるだけでなく、ウソをついたことで、まわりの人《ひと》たちに信用《しんよう》されなくなってしまいます。ほかの人《ひと》をだますようなことはぜったいにしてはいけません。

このほか、著作者《ちょさくしゃ》がイラストや写真《しゃしん》のなかに入《い》れたクレジット(著者名《ちょしゃめい》)をわざわざ消《け》したり切《き》ったりする悪質《あくしつ》なケースもあります。作品《さくひん》とクレジットをセットにして紹介《しょうかい》するようにしましょう。

Check つくった人《ひと》がうれしい紹介《しょうかい》のしかた

✔ リンクをはって紹介《しょうかい》する

ステキな作品《さくひん》をたくさんの人《ひと》に紹介《しょうかい》する方法《ほうほう》があります。

そのひとつが、イラストや動画《どうが》のURL《ユーアールエル》につながるリンクをはることです。URL《ユーアールエル》はイラストが掲載《けいさい》されている場所《ばしょ》を示《しめ》す住所《じゅうしょ》、リンクは目的地《もくてきち》に行《い》くための乗《の》り物《もの》のようなものです。

描《か》いた本人《ほんにん》が投稿《とうこう》した作品《さくひん》を直接見《ちょくせつみ》られるようにすることで、描《か》いた人《ひと》にもよろこんでもらえるはずです。ほかの人《ひと》の作品《さくひん》を紹介《しょうかい》するときは、作品《さくひん》とクレジットは必《かなら》ずセットにしましょう。

✔ SNS《エスエヌエス》の正式《せいしき》な方法《ほうほう》で広《ひろ》める

X(旧《きゅう》Twitter《ツイッター》)は、他人《たにん》の投稿《とうこう》を「リポスト」する機能《きのう》があります。

この方法《ほうほう》であれば、自分《じぶん》のフォロワーに気《き》に入《い》った作品《さくひん》の投稿《とうこう》を正《ただ》しく紹介《しょうかい》することができます。

おたがいがうれしい
紹介《しょうかい》のしかたを
したいね！

Column

サルが撮《と》った写真《しゃしん》の著作権《ちょさくけん》は？

動物《どうぶつ》にだって作品《さくひん》をつくることはできますが、
彼《かれ》らにも著作権《ちょさくけん》はみとめられるのでしょうか。

▶▶ カメラを操作《そうさ》しただけでは著作者《ちょさくしゃ》になれない!?

著作権《ちょさくけん》は「人《ひと》が思想《しそう》や感情《かんじょう》を創作的《そうさくてき》に表現《ひょうげん》したものについてその作者《さくしゃ》に与《あた》えられる権利《けんり》」です。

そのため、サルなど動物《どうぶつ》は著作権《ちょさくけん》の持《も》ち主《ぬし》になれません。

もしサルがカメラを操作《そうさ》して写真《しゃしん》が撮《と》れたとしても、それは「こう撮《と》りたいな」とか「こうやったらよい写真《しゃしん》が撮《と》れるかな」と意図《いと》を持《も》って工夫《くふう》して撮《と》った写真《しゃしん》でしょうか。それよりサルがカメラをいじくって押《お》したり引《ひ》っ張《ぱ》ったりしたため、カメラが機械的《きかいてき》に反応《はんのう》して「撮《と》れた」写真《しゃしん》だと考《かんが》えられます。なのでそこに思想《しそう》や感情《かんじょう》の表現《ひょうげん》はないので著作権《ちょさくけん》は発生《はっせい》しません。

それではサルがかわいそう！　と思《おも》うかもしれません。実際《じっさい》に、サルが撮《と》った自撮《じど》り写真《しゃしん》の著作権《ちょさくけん》についてアメリカで裁判《さいばん》が起《お》こされたことがあります。裁判《さいばん》ではサルの著作権《ちょさくけん》はみとめられないと確定《かくてい》しました。

第《だい》3章《しょう》

まちのなかの著作権《ちょさくけん》

まちなかやお店《みせ》で流《なが》れている音楽《おんがく》や見《み》かける絵画《かいが》・彫刻《ちょうこく》にも、それをつくった人《ひと》に著作権《ちょさくけん》があります。これらはどのようなルールで使《つか》われているのでしょうか。

お店《みせ》ではなんでも好《す》きな曲《きょく》をかけられるわけじゃないんだよ
音楽《おんがく》にも著作権《ちょさくけん》があるからね
音楽《おんがく》にも!?

Episode 4

まちで流《なが》れている音楽《おんがく》

今日《きょう》発売《はつばい》のセブピのCD《シーディー》
購入特典のカードつき!
買《か》えてよかったー!
私《わたし》も買《か》ったCD《シーディー》はやく聞《き》きたいな
限定ブックレットつき!
買《か》い物《もの》も終《お》わったしケーキでも食《た》べてから帰《かえ》ろっか
やったー!!
カランコロン…
いらっしゃいませー!
あっこの曲《きょく》……
続《つづ》いての音楽《おんがく》は○×合唱団《がっしょうだん》で~

あれ？
このラジオの曲《きょく》、アカリが今日《きょう》買《か》ったCD《シーディー》のやつじゃない？
うん！
いいな～！
店員《てんいん》さんにたのんだらおれのセブピのCD《シーディー》も流《なが》してくれるかな
う～ん それは難《むずか》しいかもね
えっ
どうして？
お店《みせ》ではなんでも好《す》きな曲《きょく》をかけられるわけじゃないんだよ
音楽《おんがく》にも著作権《ちょさくけん》があるからね
音楽《おんがく》にも!?

音楽
メロディー・ハーモニー・リズム・楽節《がくせつ》の組《く》み合《あ》わせのことを「音楽《おんがく》」って言《い》って
メロディー
楽節
ハーモニー
リズム
つくった人《ひと》の個性《こせい》があらわれていれば音楽《おんがく》だって歌詞《かし》だって著作物《ちょさくぶつ》になるよ
ラジオのAM《エーエム》・FM《エフエム》放送《ほうそう》で音楽《おんがく》を流《なが》すのはお店《みせ》でも大丈夫《だいじょうぶ》だけど
音楽CD《おんがくシーディー》や有線放送《ゆうせんほうそう》などで音楽《おんがく》を流《なが》す場合《ばあい》には、きちんと許可《きょか》をとらないといけないんだよ
OK
NG
AM/FM
へ〜〜
そうなんだ……！

おれが自分《じぶん》で買《か》ったCD《シーディー》でもお店《みせ》で流《なが》したらだめなの？
CD《シーディー》を買《か》ったからといって、著作権《ちょさくけん》が買《か》った人《ひと》のものになるわけじゃないからね
あ！ じゃあ、スマホでダウンロードした曲《きょく》も同《おな》じなの？
……ってあれ
お姉《ねえ》ちゃんまた寝《ね》てる！
スカー
昨日《きのう》もしめ切《き》りだったもんね

音楽《おんがく》の著作権《ちょさくけん》

そもそも音楽《おんがく》って?

日常生活《にちじょうせいかつ》で欠《か》かせないものとなっている音楽《おんがく》。まちのなかで自然《しぜん》と流《なが》れているさまざまな音楽《おんがく》にも、著作権《ちょさくけん》があります。

音楽《おんがく》とは、一般的《いっぱんてき》には歌詞《かし》とメロディーを組《く》み合《あ》わせてつくったものを言《い》います。

また、メロディーがあって、ハーモニー、リズム、楽節《がくせつ》を組《く》み合《あ》わせたものや、場合《ばあい》によってはメロディーだけで成《な》り立《た》つ音楽《おんがく》もあります。これは、音楽《おんがく》を著作物《ちょさくぶつ》とした裁判《さいばん》での例《れい》となります。

音楽《おんがく》にはいくつかの要素《ようそ》が組《く》み合《あ》わせられていますが、オリジナリティーのある「メロディー」や「歌詞《かし》」そのものに個性《こせい》があれば、著作物《ちょさくぶつ》となります。

著作権《ちょさくけん》がある音《おと》、ない音《おと》

▼著作権《ちょさくけん》がある音《おと》

個性《こせい》がある音《おと》なら、著作権《ちょさくけん》があります。印象《いんしょう》に残《のこ》る音《おと》であれば、短《みじか》いものでも著作物《ちょさくぶつ》とされます。耳《みみ》に残《のこ》るフレーズだな、と思《おも》ったときは著作物《ちょさくぶつ》と考《かんが》えてもいいかもしれません。

▼著作権《ちょさくけん》がない音《おと》

一般的《いっぱんてき》には、1音《おん》や2音《おん》では著《ちょ》作物《さくぶつ》になるとは考《かんが》えにくいです。どこでも聞《き》いたことがある音《おと》、つまり個性《こせい》がない音《おと》のことを言《い》います。救急車《きゅうきゅうしゃ》のサイレンや、ホイッスルなどがそれに当《あ》たります。

作曲家《さっきょくか》と作詞家《さくしか》の著作権《ちょさくけん》

歌詞《かし》をつくったとき、曲《きょく》をつくったときに著作権《ちょさくけん》が発生《はっせい》します。

作詞家《さくしか》や作曲家《さっきょくか》の多《おお》くは、著作《ちょさく》権《けん》使用料《しようりょう》を回収《かいしゅう》したり、著作権《ちょさくけん》を侵害《しんがい》されたりしたときの対応《たいおう》を、著作権専門《ちょさくけんせんもん》の団体《だんたい》（JASRAC《ジャスラック》など）に、お願《ねが》いしています。

著作権使用料《ちょさくけんしようりょう》は、1曲《きょく》に対《たい》する売上《うりあげ》を曲《きょく》に関《かか》わった人《ひと》たちで分配《ぶんぱい》する形《かたち》になります。

歌手《かしゅ》の著作権《ちょさくけん》は？

歌《うた》っている人《ひと》にも著作権《ちょさくけん》があるように思《おも》われますが、実《じつ》のところはそうではありません。

歌手《かしゅ》は、自分《じぶん》では曲《きょく》をつくっていない場合《ばあい》が多《おお》くあります。提供《ていきょう》されたものを歌《うた》っているので、自《じ》分《ぶん》の歌《うた》（実演《じつえん》）は「著作隣接権《ちょさくりんせつけん》」というもので保護《ほご》されています。

ただ、歌手《かしゅ》も、作詞家《さくしか》や作曲家《さっきょくか》の著作権《ちょさくけん》と同《おな》じぐらいの権利《けんり》をもっており、CD《シーディー》を発売《はつばい》するには作詞家《さくしか》や作曲家《さっきょくか》のほか、歌手《かしゅ》の許《きょ》可《か》も必要《ひつよう》になります。

また、歌手《かしゅ》が作詞《さくし》や作曲《さっきょく》を手《て》がけている場合《ばあい》は、もちろん歌手《かしゅ》が著作権《ちょさくけん》をもちます。

Check 音楽《おんがく》がないときの歌詞《かし》の著作権《ちょさくけん》は？

歌詞《かし》にも著作権《ちょさくけん》があります。たとえば、歌詞《かし》をSNS《エスエヌエス》に記載《きさい》するなど、歌詞《かし》だけを音楽《おんがく》から切《き》り離《はな》して単独《たんどく》で利用《りよう》することがありますが、この場合《ばあい》も作詞家《さくしか》の許可《きょか》をとらないと著作権侵害《ちょさくけんしんがい》になります。

また、替《か》え歌《うた》をつくりたいときも注意《ちゅうい》が必要《ひつよう》です。曲《きょく》はそのままで歌詞《かし》を変《か》えるだけなら、著作権侵害《ちょさくけんしんがい》にならないだろうと思《おも》うかもしれません。しかし、勝手《かって》に歌詞《かし》を変《か》えると、無断《むだん》で著作物《ちょさくぶつ》を変《か》えることを禁止《きんし》できる同一性保持権《どういつせいほじけん》の侵害《しんがい》にあたることになります。ただ、公《おおやけ》の場《ば》で発表《はっぴょう》しなければ問題《もんだい》ありません。

暮《く》らしで音楽《おんがく》を使《つか》いたい

自分《じぶん》で買《か》った音楽《おんがく》の使《つか》い方《かた》

▼ともだちとのパーティーでは?

普段《ふだん》の生活《せいかつ》で、お気《き》に入《い》りの曲《きょく》を流《なが》したい、と思《おも》うことも多《おお》くあるのではないでしょうか。

たとえば、ともだちとの誕生日《たんじょうび》パーティーなどでは使《つか》えます。

しかし、ともだち同士《どうし》でのパーティーでも、お金《かね》をとる場合《ばあい》は使《つか》えません。また、「音楽《おんがく》を聞《き》くために、料金《りょうきん》を支払《しはら》って!」という場合《ばあい》も使《つか》えません。

学校《がっこう》でのイベントは?

学校《がっこう》のイベントでもいろいろな行事《ぎょうじ》で音楽《おんがく》が流《なが》れますが、学生《がくせい》からお金《かね》をとっていないので使《つか》うことができます。

▼お金《かね》をとるのはダメ

ポイントは聞《き》く人《ひと》からお金《かね》をとるかどうかです。ともだち同士《どうし》のイベントでお金《かね》を稼《かせ》ぐために音楽《おんがく》を利用《りよう》する場合《ばあい》は、許可《きょか》が必要《ひつよう》です。有料《ゆうりょう》のイベントのBGM《ビージーエム》に使《つか》うのも、利益《りえき》につながる可能性《かのうせい》があるので許可《きょか》が必要《ひつよう》です。

音源《おんげん》をもっている＝著作権《ちょさくけん》をもっている?

CD《シーディー》などで音源《おんげん》を買《か》ったからといって、その音楽《おんがく》の著作権《ちょさくけん》をもつことができるわけではないため、勝手《かって》にインターネットで配信《はいしん》したり、お店《みせ》などでBGM《ビージーエム》にしたりすることはできません。気《き》づかないうちにルールを破《やぶ》っていないか、十分注意《じゅうぶんちゅうい》するようにしましょう。

買《か》った音楽《おんがく》は、ともだちや家族《かぞく》とだけで楽《たの》しもう

「歌《うた》ってみた動画《どうが》」をアップロードしたい

▼原則《げんそく》、許可《きょか》は必要《ひつよう》

歌《うた》ったり演奏《えんそう》したりしてインターネットなどに投稿《とうこう》することは公衆送信行為《こうしゅうそうしんこうい》に当《あ》たるので、著作《ちょさく》権《けん》をもっている人《ひと》や、著作隣接権《ちょさくりんせつけん》者《しゃ》の許可《きょか》が必要《ひつよう》です。

ただ、音楽管理団体《おんがくかんりだんたい》と大手動画《おおてどうが》サイトは音楽《おんがく》利用《りよう》の許諾契約《きょだくけいやく》を結《むす》んでいることが多《おお》いので、動画《どうが》サイトで使用《しよう》がみとめられている場《ば》合《あい》はOK《オーケー》。なお、著作権《ちょさくけん》に関《かん》してはJASRAC《ジャスラック》などのサイトを、音源《おんげん》の利用《りよう》に関《かん》しては日本《にほん》レコード協会《きょうかい》のサイトを確認《かくにん》しましょう。

▼「歌《うた》ってみた動画《どうが》」をあげるときの注意点《ちゅういてん》

投稿《とうこう》する動画《どうが》サイトと音楽管理《おんがくかんり》団体《だんたい》が契約《けいやく》を結《むす》んでいて利用《りよう》できる音楽《おんがく》なら、「歌《うた》ってみた」動画《どうが》をアップしても大丈夫《だいじょうぶ》。

ただ、ふりつけもマネする場合《ばあい》は、ふりつけを考《かんが》えた人《ひと》にも許可《きょか》が必要《ひつよう》になることを忘《わす》れずに。

また、替《か》え歌《うた》や編曲《へんきょく》などを許可《きょか》していない場合《ばあい》もあるので注意《ちゅうい》が必要《ひつよう》です。

Check JASRAC《ジャスラック》がポイント！

音楽《おんがく》の多《おお》くを管理《かんり》しているのがJASRAC《ジャスラック》などの音楽管理団体《おんがくかんりだんたい》です。大手動画《おおてどうが》サイトのほか、結婚式場《けっこんしきじょう》も音楽管理団体《おんがくかんりだんたい》と包括契約《ほうかつけいやく》というものを結《むす》んでいる場合《ばあい》があります。この契約《けいやく》があるので、個人《こじん》で許可《きょか》をとる手間《てま》がはぶけます。しかし、音楽管理《おんがくかんり》団体側《だんたいがわ》がどのような契約《けいやく》を結《むす》んでいるかによって、音楽《おんがく》の使用方法《しようほうほう》が変《か》わってきます。とても細《こま》かいルールがありますが、利用《りよう》するときは自分《じぶん》の使《つか》い方《かた》に問題《もんだい》がないか、調《しら》べるようにしましょう。「使《つか》っていいのかな？」「大丈夫《だいじょうぶ》かな？」と気《き》になったときは、確認《かくにん》しておくと安心《あんしん》です。

絵画《かいが》や彫刻《ちょうこく》などの著作権《ちょさくけん》

著作権《ちょさくけん》と所有権《しょゆうけん》

　絵画《かいが》や彫刻《ちょうこく》、写真《しゃしん》などの美術作品《びじゅつさくひん》は、お金《かね》で売《う》り買《か》いされることがあります。このときの著作権《ちょさくけん》はどうなっているのでしょうか？

絵画《かいが》や彫刻《ちょうこく》、写真《しゃしん》などの作品《さくひん》を購入《こうにゅう》すると、所有権《しょゆうけん》は著作者《ちょさくしゃ》から購入《こうにゅう》した人《ひと》に移動《いどう》します。

　しかし、著作権《ちょさくけん》は移動《いどう》しません。所有者《しょゆうしゃ》は自宅《じたく》にかざって楽《たの》しんだり、売《う》ったりすることはできますが、作品《さくひん》をつくり替《か》えたり、加工《かこう》することはできません。

お金《かね》をはらって買《か》っても
著作権《ちょさくけん》は自分《じぶん》のものにならないんだね！
アートはつくった人《ひと》のものだから勝手《かって》に
変《か》えちゃダメなんだね

展示権《てんじけん》って？

　著作権《ちょさくけん》には、展示権《てんじけん》という「作品《さくひん》を公《おおやけ》に展示《てんじ》してよいか決《き》める」権利《けんり》が含《ふく》まれています。そのため、絵画《かいが》や彫刻《ちょうこく》、写真《しゃしん》などの作品《さくひん》をどこか公《おおやけ》の場《ば》で展示《てんじ》したいと思《おも》ったら、著作者《ちょさくしゃ》の許可《きょか》が必要《ひつよう》になります。

　しかし、作品《さくひん》を購入《こうにゅう》し所有《しょゆう》している人《ひと》は、例外《れいがい》として自由《じゆう》に展示《てんじ》できます。ただし、屋外《おくがい》、建物《たてもの》の外壁《がいへき》に設置《せっち》する場合《ばあい》は、著作者《ちょさくしゃ》の許可《きょか》なく展示《てんじ》できません。

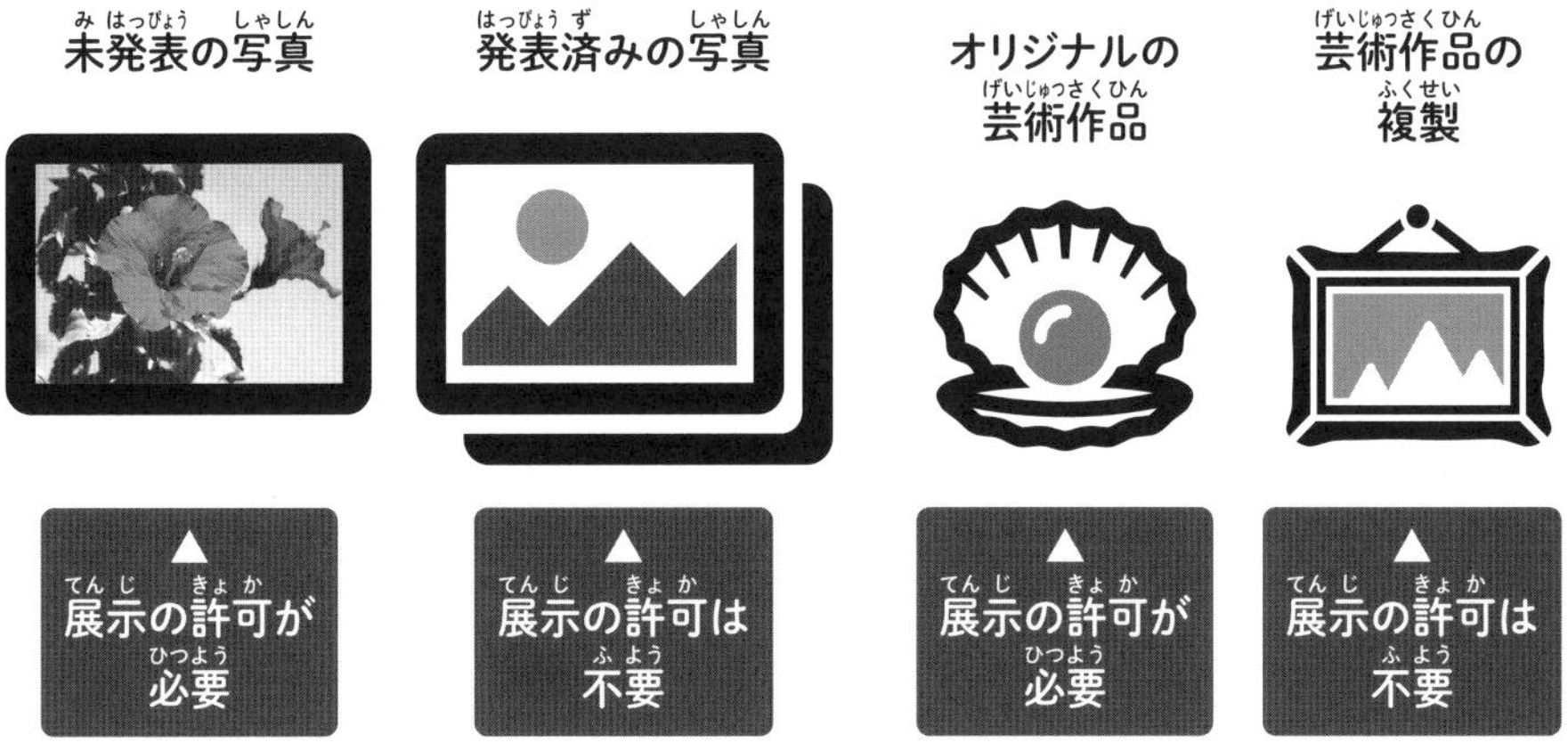

未発表《みはっぴょう》の写真《しゃしん》
発表済《はっぴょうず》みの写真《しゃしん》
オリジナルの芸術作品《げいじゅつさくひん》
芸術作品《げいじゅつさくひん》の複製《ふくせい》
▲ 展示《てんじ》の許可《きょか》が必要《ひつよう》
▲ 展示《てんじ》の許可《きょか》は不要《ふよう》
▲ 展示《てんじ》の許可《きょか》が必要《ひつよう》
▲ 展示《てんじ》の許可《きょか》は不要《ふよう》

作品《さくひん》を売《う》ったとしても著作権《ちょさくけん》までをゆずっているわけではないんだね
展示会《てんじかい》や原画展《げんがてん》をおこないたいなら本人《ほんにん》の許可《きょか》が必要《ひつよう》になるということか

作品《さくひん》を使《つか》ったグッズをつくる

絵画《かいが》や彫刻《ちょうこく》、写真《しゃしん》などを購入《こうにゅう》しても勝手《かって》にグッズをつくってはいけません。ただし、著作権《ちょさくけん》が切《き》れた作品《さくひん》の絵柄《えがら》などを使《つか》って、オリジナルのグッズをつくることができます。

またそれを販売《はんばい》することも可能《かのう》です。古《ふる》い絵画《かいが》を活用《かつよう》すれば、また新《あら》たなアイデアも生《う》まれます。

アートはいつかみんなのものになるんだね

Column

お寺《てら》や神社《じんじゃ》は撮影禁止《さつえいきんし》？

お寺《てら》や神社《じんじゃ》など古《ふる》い建物《たてもの》なら、著作権《ちょさくけん》の保護期間《ほごきかん》は過《す》ぎているはず。
それでも撮影禁止《さつえいきんし》の場合《ばあい》があるのはなぜでしょう。

▶▶ 各施設《かくしせつ》ではその場所《ばしょ》のルールに従《したが》いましょう

お寺《てら》や神社《じんじゃ》の建物《たてもの》や境内《けいだい》には著作権《ちょさくけん》は発生《はっせい》しないことが多《おお》いです。建物《たてもの》に著作権《ちょさくけん》が発生《はっせい》することはありますが、お寺《てら》や神社《じんじゃ》の建物《たてもの》は古《ふる》いので、著作権《ちょさくけん》の保護期間《ほごきかん》が過《す》ぎていることが多《おお》いからです。

また屋外《おくがい》に常《つね》に置《お》かれている建築物《けんちくぶつ》や美術品《びじゅつひん》は、だれもが公正《こうせい》に利用《りよう》できるように、著作権法《ちょさくけんほう》ではみとめられてもいます。そのため、お寺《てら》や神社《じんじゃ》を個人的《こじんてき》に撮影《さつえい》したり、それをSNS《エスエヌエス》に投稿《とうこう》したりしても問題《もんだい》はないはずです。

しかし、お寺《てら》や神社《じんじゃ》は心静《こころしず》かに参拝《さんぱい》するところです。そのため、お寺《てら》や神社《じんじゃ》が独自《どくじ》で撮影《さつえい》を禁止《きんし》している場合《ばあい》や場所《ばしょ》もあるので、その際《さい》はそれぞれのルールに従《したが》いましょう。

写真《しゃしん》を撮《と》る前《まえ》に
撮影《さつえい》が許可《きょか》されている
場所《ばしょ》なのか確認《かくにん》しよう

第《だい》4章《しょう》

使《つか》うときの著作権《ちょさくけん》

さまざまなコンテンツにはそれをつくった人《ひと》に著作権《ちょさくけん》があることがわかりました。ここからは、著作物《ちょさくぶつ》をわたしたちが利用《りよう》することのできる場面《ばめん》を紹介《しょうかい》します。

Episode 5

学校《がっこう》での著作権《ちょさくけん》

キーン コーン
授業《じゅぎょう》はじめるよー
授業《じゅぎょう》で使《つか》うプリント回《まわ》してね
パサ
あれ？
社会プリント
名前
このプリント新聞《しんぶん》記事《きじ》のコピーがのってる
コピーを配《くば》るのってダメなんじゃないの？
モヤ
モヤ

放課後《ほうかご》
先生《せんせい》ー！
どうしたの？
今日《きょう》の授業《じゅぎょう》のプリント！
ドーー
新聞記事《しんぶんきじ》のコピー
社会プリント
名前
インターネットで出回《でまわ》っている写真《しゃしん》
これって著作権《ちょさくけん》の侵害《しんがい》なんじゃないの!?
著作権《ちょさくけん》？
ほかの人《ひと》がつくった記事《きじ》や写真《しゃしん》をコピーして配《くば》ったらダメなんだよ！
なるほど
ぼーー
それが気《き》になってさっきの授業《じゅぎょう》は上《うわ》の空《そら》だったんだね

学校《がっこう》の授業《じゅぎょう》のために使《つか》うときは
新聞《しんぶん》や本《ほん》のコピーを教材《きょうざい》として使《つか》う
インターネット上《じょう》の素材《そざい》を使《つか》って授業《じゅぎょう》のための資料《しりょう》をつくる
例外《れいがい》としてコピーしたりオンライン授業《じゅぎょう》したりすることがみとめられているよ！
だから、さっきのプリントはセーフ！
そうなの!?
授業《じゅぎょう》のためなら例外《れいがい》なんだ……
ただし！塾《じゅく》や会社《かいしゃ》など学校《がっこう》ではないところは
授業《じゅぎょう》のためでもこの例外《れいがい》にはあてはまらないよ
学習塾
コピーした資料
知《し》らなかった！
あれっ
ユウタなにしてるの？
アカリ！

いま先生《せんせい》と著作権《ちょさくけん》の話《はなし》をしてたんだ！
アカリは？
合唱《がっしょう》コンクールの練習《れんしゅう》に行《い》くところ！
あれ？
音楽《おんがく》にも著作権《ちょさくけん》があったはずだけど合唱《がっしょう》コンクールはいいの？
これも例外？
いい質問だね！
学校《がっこう》の合唱《がっしょう》コンクールみたいに
①お金《かね》もうけが目的《もくてき》じゃない
②入場料《にゅうじょうりょう》をとらない
③出演料《しゅつえんりょう》もはらわない
これを守《まも》れば許可《きょか》を取《と》らなくても歌《うた》を歌《うた》えるし演奏《えんそう》もできるよ
な～るほど！
疑問《ぎもん》もとけたことだし次《つぎ》からは授業《じゅぎょう》に集中《しゅうちゅう》するように！
はーい

著作権《ちょさくけん》の例外《れいがい》ルール

学校《がっこう》の授業《じゅぎょう》でなら自由《じゆう》に使《つか》える？

ほかの人《ひと》の著作物《ちょさくぶつ》を使《つか》うには、必《かなら》ず許可《きょか》が必要《ひつよう》ですが、著作権法《ちょさくけんほう》で決《き》められた例外《れいがい》ルールがあります。

▼発表《はっぴょう》では自由《じゆう》に使《つか》える？

学校《がっこう》の授業《じゅぎょう》で先生《せんせい》が新聞《しんぶん》や本《ほん》のコピーを使《つか》えるように、みなさんも発表《はっぴょう》などでコピーを使《つか》うことができます。また、オンライン授業《じゅぎょう》などでクラスメイトや先生《せんせい》が見《み》る資料《しりょう》に使用《しよう》したり、クラウドにアップすることもできます。

どんなものが使《つか》える？

▼画像《がぞう》もOK《オーケー》

授業《じゅぎょう》で使用《しよう》する場合《ばあい》であれば許可《きょか》は必要《ひつよう》ありません。インターネットや本《ほん》に掲載《けいさい》されている画像《がぞう》を使用《しよう》することが可能《かのう》です。

▼先生《せんせい》の話《はなし》は？

先生《せんせい》の話《はなし》を授業《じゅぎょう》の発表《はっぴょう》の場《ば》などで使用《しよう》することも可能《かのう》です。話《はなし》をそのまま使用《しよう》するときは画像《がぞう》と同《おな》じ扱《あつか》いです。先生《せんせい》の話《はなし》で何《なに》か思《おも》いついた場合《ばあい》は、著作権《ちょさくけん》の許可《きょか》は不《ふ》要《よう》です。

使《つか》うシーンによってルールの確認《かくにん》を

学校《がっこう》の授業《じゅぎょう》の一環《いっかん》とみとめられる場合《ばあい》は自由《じゆう》に使《つか》うことができますが、授業《じゅぎょう》で使《つか》ったからといって、その様子《ようす》を録画《ろくが》したものをデータにして保護者《ほごしゃ》に配《くば》ったり、動画《どうが》をアップしたりすることには許諾《きょだく》が必要《ひつよう》になります。

また、市販《しはん》のCD《シーディー》の音楽《おんがく》などがBGM《ビージーエム》で流《なが》れている場合《ばあい》も、別途《べっと》許可《きょか》をとる必要《ひつよう》があります。

授業《じゅぎょう》でコピーを使《つか》うのはOK《オーケー》？

コピーについても、授業《じゅぎょう》で学習《がくしゅう》することを目的《もくてき》としているなら問《もん》題《だい》ありません。

使用《しよう》が可能《かのう》なものは小説《しょうせつ》や絵《え》、音楽《おんがく》、動画《どうが》などさまざまです。

ただし、コピーされて配《くば》られたものを学校《がっこう》の外《そと》でだれかに渡《わた》したり、活用《かつよう》したりするのはNG《エヌジー》です。学校外《がっこうがい》で使《つか》うためには、著作権者《ちょさくけんしゃ》の許可《きょか》をとることが必要《ひつよう》です。

自分《じぶん》でコピーをして使《つか》う場合《ばあい》は？

自分《じぶん》で勉強《べんきょう》のために著作物《ちょさくぶつ》をコピーして利用《りよう》したい、と考《かんが》える場合《ばあい》は、個人《こじん》での使用《しよう》になるので問《もん》題《だい》ありません。

この場合《ばあい》、学校《がっこう》の授業《じゅぎょう》に限《かぎ》らずコピーすることができますし、勉《べん》強《きょう》以外《いがい》の目的《もくてき》でもコピーできます。

Check　ともだちのノートをコピーしたい

自分《じぶん》が学校《がっこう》を休《やす》んで授業《じゅぎょう》を受《う》けられなかったときなど、ともだちにノートを貸《か》してもらって書《か》き写《うつ》したり、コピーしたり、ということがあるのではないでしょうか。

これも自分《じぶん》が使《つか》うためにコピーするのは特《とく》に問題《もんだい》はありません。ただ、コピーしたものをほかのともだちに渡《わた》したり、デジタル化《か》して共有《きょうゆう》するなどといったことはともだちから許可《きょか》をとらなければなりません。

ノートにも本人《ほんにん》の工夫《くふう》があったり、個性《こせい》があり、ひとつの著作権《ちょさくけん》をもった作品《さくひん》なのです。

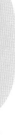

学校《がっこう》での著作物《ちょさくぶつ》の使《つか》い方《かた》

授業以外《じゅぎょういがい》での著作権《ちょさくけん》

学校《がっこう》のホームページなどに著作物《ちょさくぶつ》を使《つか》うことは？

授業《じゅぎょう》で使《つか》えるとなると、つい「学校《がっこう》」で使《つか》うならなんでも大丈夫《だいじょうぶ》かと思《おも》うかもしれませんが、そんなことはありません。

あくまで「授業《じゅぎょう》」に必要《ひつよう》なものしか利用《りよう》できないということを忘《わす》れずに。学校《がっこう》のホームページや、学級通信《がっきゅうつうしん》などに著作物《ちょさくぶつ》を使用《しよう》するときは、著作権《ちょさくけん》をもっている人《ひと》の許可《きょか》が必要《ひつよう》になります。

オンライン授業《じゅぎょう》だと△

以前《いぜん》は授業《じゅぎょう》では使用《しよう》できたとしても、原則《げんそく》としてオンライン授業《じゅぎょう》では使用《しよう》することができませんでした。これは、紙《かみ》などにコピーをするよりも、インターネットでは大量《たいりょう》に送信《そうしん》・拡散《かくさん》されるので、著《ちょ》作権《さくけん》をもっている人《ひと》の利益《りえき》が不当《ふとう》に害《がい》されると考《かんが》えられるからです。

しかし、2020年《ねん》に法改正《ほうかいせい》がおこなわれ、学校《がっこう》が補償金《ほしょうきん》を支払《しはら》えば、先生《せんせい》もみなさんも許可《きょか》を得《え》ずに利用《りよう》できます。

部活動《ぶかつどう》での使用《しよう》はOK《オーケー》？

学校《がっこう》でのクラブ活動《かつどう》や部活動《ぶかつどう》は授業《じゅぎょう》の一環《いっかん》だと考《かんが》えられています。そのため、授業《じゅぎょう》と同《おな》じように著作物《ちょさくぶつ》をコピーして利用《りよう》することができます。

また、吹奏楽部《すいそうがくぶ》などがコンサートで楽曲《がっきょく》を演奏《えんそう》する場合《ばあい》や、演劇《えんげき》部《ぶ》が発表会《はっぴょうかい》で上演《じょうえん》するときも、著《ちょ》作物《さくぶつ》を使用《しよう》することがみとめられています。観客《かんきゃく》からお金《かね》をもらわない場合《ばあい》には、自由《じゆう》に著作物《ちょさくぶつ》を使《つか》えます。

行事《ぎょうじ》で使《つか》うのはOK《オーケー》？

文化祭《ぶんかさい》

文化祭《ぶんかさい》は学校《がっこう》の授業《じゅぎょう》の一環《いっかん》です。部活動《ぶかつどう》と同《おな》じように観客《かんきゃく》からお金《かね》をもらわなければ自由《じゆう》に演奏《えんそう》や上演《じょうえん》をおこなうことができます。

ただ、そういった演奏《えんそう》や上演《じょうえん》を撮影《さつえい》したものをCD《シーディー》などにして保《ほ》護者《ごしゃ》に配《くば》ったり、動画《どうが》をインターネットにアップロードしたりするときには許可《きょか》が必要《ひつよう》になります。

ついみんなに見《み》てもらいたくてやってしまいがちなことですが、注意《ちゅうい》するようにしましょう。

体育祭《たいいくさい》

体育祭《たいいくさい》も文化祭《ぶんかさい》や部活動《ぶかつどう》と同《おな》じように授業《じゅぎょう》の一環《いっかん》なので、著作物《ちょさくぶつ》を自由《じゆう》に使用《しよう》することができます。

またこういった行事《ぎょうじ》の宣伝《せんでん》のために、もともとあるキャラクターを校内《こうない》に貼《は》るポスターに使用《しよう》する場合《ばあい》もあるかと思《おも》いますが、それも問題《もんだい》はありません。

Check 上映権《じょうえいけん》・上演権《じょうえんけん》・演奏権《えんそうけん》ってなに？

たくさんの人《ひと》が見《み》ている前《まえ》で演奏《えんそう》したり映像《えいぞう》を流《なが》すことを以下《いか》のように分類《ぶんるい》しています。

・上映権《じょうえいけん》：プロジェクターやディスプレイなどで著作物《ちょさくぶつ》を見《み》せること。
・上演権《じょうえんけん》：舞台《ぶたい》で劇《げき》などを演《えん》じること。
・演奏権《えんそうけん》：楽器《がっき》を使《つか》って音楽《おんがく》を演奏《えんそう》などしたり、歌《うた》ったりすること。

ただし、CD《シーディー》で音楽《おんがく》を再生《さいせい》して聞《き》かせることは、上演権《じょうえんけん》ではなく演奏権《えんそうけん》に含《ふく》まれています。

Episode 6

調《しら》べ学習《がくしゅう》をしていたら……

5時限目
調べ学習の時間
ワイ
ワイ
うーん……
調べ学習のプリント
テーマ：著作権
内容：
ぐり
ぐり
調《しら》べ学習《がくしゅう》ぜんぜんまとまらないよ
発表があるのに…
ユウタのテーマは著作権《ちょさくけん》についてだっけ?
この本《ほん》、わかりやすかったから貸《か》してやるよ
資料《しりょう》に使《つか》ったら?
コレで完ペキ
著作権がわかる!
へぇ~これいいな……
パラ

資料《しりょう》にとりいれよう
コレで完ペキ
著作権がわかる！
でもこの本《ほん》にも著作権《ちょさくけん》があるからのせたらダメだよね……
・・・・
ふりだしに戻った……
そうとも限《かぎ》らないけどな
学校《がっこう》の授業《じゅぎょう》での発表《はっぴょう》なら
コピー
許可《きょか》なくコピーしてOK《オーケー》らしい！その本に書いてあった
先生《せんせい》が授業《じゅぎょう》で使《つか》えるのは知《し》ってたけど
オレたちも使《つか》えるんだ
まるまる1冊《さつ》コピーとかはダメだけどな
さすがに…
なるほど〜
あっ！

じゃあ、授業《じゅぎょう》ではない
コンクールとかに出《だ》すものなら
自由研究《じゆうけんきゅう》とか作文《さくぶん》にも
自由《じゆう》に使《つか》っていいってこと!?
著作物
作文
自由研究
自由研究《じゆうけんきゅう》や作文《さくぶん》にも
著作物《ちょさくぶつ》を使《つか》えるけど……
その場合《ばあい》は
「引用《いんよう》」に
なるんだって
飲用《いんよう》?
飲めるものってこと?
ちがう
「引用《いんよう》」っていうのは
自分《じぶん》の著作物《ちょさくぶつ》の中《なか》に
ほかの人《ひと》の
著作物《ちょさくぶつ》を
とりこむ
ことで
感想文
著作物
「■■■■■■■■」(本の文章)
(○○からの引用)
例《たと》えば
読書感想文《どくしょかんそうぶん》で本《ほん》の
文章《ぶんしょう》を使《つか》うときは
「引用《いんよう》」ってわかるように
しないといけない
んだって
知《し》らなかった!

あっ ここ見《み》ろよ
引用のしかた
なになに?
自分《じぶん》が書《か》いたりつくったりした部分《ぶぶん》がメインじゃないと「引用《いんよう》」じゃないんだ……
ほぼ丸写しした!
虫の本
自由研究
自由研究《じゆうけんきゅう》や作文《さくぶん》は自分《じぶん》でがんばらねーとな
本《ほん》から引用《いんよう》するときとインターネットから引用《いんよう》するときのやり方《かた》があるの!?
だれが書いたなんていう本から?
本
どこのサイトのどのページから?
ネット
「出典《しゅってん》」をかかないといけないんだ
また大切《たいせつ》なことを知《し》ってしまった……
フッ…
急《きゅう》にどうした?
とりあえず調《しら》べ学習《がくしゅう》がんばろうぜ
おう!
はやく終《お》わらせて放課後《ほうかご》はサッカーだ!

引用《いんよう》ってなに？

どんなことが引用《いんよう》になるの？

引用《いんよう》とは、自分《じぶん》の言《い》いたいことを補強《ほきょう》するために、文章《ぶんしょう》や図《ず》・表《ひょう》などの著作物《ちょさくぶつ》の一部《いちぶ》を利用《りよう》することです。たとえば、本《ほん》のなかに書《か》かれてある一文《いちぶん》を抜《ぬ》き出《だ》して、自《じ》分《ぶん》が書《か》いている文章《ぶんしょう》のなかにとりこむことができます。引用《いんよう》は著作《ちょさく》者《しゃ》の許可《きょか》は必要《ひつよう》ありません。

しかし、いくつかのルールがあり、自由《じゆう》に使《つか》えるわけではないので、注意《ちゅうい》しましょう。

引用《いんよう》には分量《ぶんりょう》にも気《き》をつけよう

引用《いんよう》は、自分《じぶん》が書《か》いた文章《ぶんしょう》を補《ほ》足《そく》、サポートするためのもの。あくまで、自分《じぶん》が書《か》いた文章《ぶんしょう》がメインです。

引用《いんよう》のルールを超《こ》えて、本《ほん》のなかの文章《ぶんしょう》や図《ず》を使用《しよう》することは「転載《てんさい》」と言《い》います。転載《てんさい》は著作《ちょさく》者《しゃ》の許可《きょか》が必要《ひつよう》です。引用《いんよう》か転載《てんさい》かを判断《はんだん》するために、引用《いんよう》のルールをきちんと確認《かくにん》しましょう。

引用《いんよう》は、（自分《じぶん》の言《い》いたいことを補強《ほきょう》できる）必要最小限度《ひつようさいしょうげんど》にします。多《おお》すぎると転載《てんさい》となってしまうので注意《ちゅうい》しましょう。

自分《じぶん》の文章《ぶんしょう》がメインになっているか、引用《いんよう》が多《おお》くなりすぎないか、みなおしてみよう！

引用《いんよう》のルールをチェックしよう

主従関係《しゅじゅうかんけい》が明確《めいかく》	自分《じぶん》が書《か》いた部分《ぶぶん》がメインで引用部分《いんようぶぶん》が補足《ほそく》となっていること。
区別《くべつ》	引用《いんよう》した部分《ぶぶん》がわかるように自分《じぶん》の文章《ぶんしょう》と区別《くべつ》されていること。
引用《いんよう》の必要性《ひつようせい》	ほかの人《ひと》の著作物《ちょさくぶつ》を引用《いんよう》する必然性《ひつぜんせい》があること。
出典元《しゅってんもと》	どこから引用《いんよう》したかきちんと書《か》かれていること。

知《し》らないうちに侵害《しんがい》しないように

レポートや作文《さくぶん》などを書《か》くときに、文章量《ぶんしょうりょう》を増《ふ》やしたいからといって必要《ひつよう》とする範囲《はんい》を超《こ》えて引用《いんよう》するのはNG《エヌジー》です。また、やたらと引用《いんよう》が多《おお》いのもみとめられません。

正《ただ》しく引用《いんよう》をおこなわないと著作権侵害《ちょさくけんしんがい》になってしまう場合《ばあい》もあります。引用《いんよう》をするときは、ちゃんとルールを守《まも》っているか確認《かくにん》をしましょう。

引《い》用《よう》できるとき

引用《いんよう》するときのポイント

引用《いんよう》する場面《ばめん》に応《おう》じた、ポイントを知《し》っておきましょう。

▼読書感想文《どくしょかんそうぶん》での引用《いんよう》のポイント

印象的《いんしょうてき》だったセリフや言葉《ことば》などを引用《いんよう》したい場合《ばあい》、「」(かぎかっこ)を使《つか》って自分《じぶん》が書《か》いた文章《ぶんしょう》と、はっきり区別《くべつ》がつくように書《か》き分《わ》けましょう。

長文《ちょうぶん》を引用《いんよう》するときは、引用部《いんようぶ》分《ぶん》で改行《かいぎょう》したり、「」をつけずに引用部分《いんようぶぶん》だけ一文字下《ひともじさ》げて書《か》くとわかりやすいです。

▼レポート(宿題《しゅくだい》)での引用《いんよう》のポイント

学校《がっこう》の宿題《しゅくだい》でレポートを書《か》くときも引用可能《いんようかのう》です。やり方《かた》も、基《き》本《ほん》は読書感想文《どくしょかんそうぶん》と変《か》わりません。

注意《ちゅうい》したいのが出典元《しゅってんもと》です。読《どく》書感想文《しょかんそうぶん》の場合《ばあい》は、何《なん》の本《ほん》から引《いん》用《よう》したかが明白《めいはく》ですが、レポートではわかりません。使《つか》った資料《しりょう》は必《かなら》ず記録《きろく》しておきましょう。レポートにまとめるとき、使《つか》った資《し》料《りょう》は引用箇所《いんようかしょ》のそばに記載《きさい》しておくとよいでしょう。

▼自由研究《じゆうけんきゅう》での引用《いんよう》のポイント

自由研究《じゆうけんきゅう》をするときに、似《に》たようなテーマがないかと調《しら》べる人《ひと》もいるはず。テーマを決《き》める参考《さんこう》にするだけでしたら、著作権《ちょさくけん》の問題《もんだい》になりません。

もし、自分《じぶん》の自由研究《じゆうけんきゅう》をまとめる際《さい》に、似《に》たテーマの他人《たにん》の研究《けんきゅう》から文章《ぶんしょう》や図表《ずひょう》などを使《つか》う場合《ばあい》には、「引用《いんよう》」のルールを守《まも》って使《つか》いましょう。

▼プレゼンテーション資料《しりょう》

自分《じぶん》の意見《いけん》に根拠《こんきょ》をもたせるために、自分以外《じぶんいがい》の考《かんが》えを引用《いんよう》し、プレゼンテーション資料自体《しりょうじたい》の信《しん》頼度《らいど》を高《たか》めることができます。スライドの見映《みば》えをよくしようと、アニメなどのキャラクターを載《の》せるのは、引用《いんよう》にはならないので要《よう》注意《ちゅうい》。

引用《いんよう》は自分《じぶん》の考《かんが》えに
根拠《こんきょ》があると
証明《しょうめい》してくれるよ

データは著作物《ちょさくぶつ》ではない

著作物《ちょさくぶつ》とは、考《かんが》え方《かた》や感情《かんじょう》を「創作的《そうさくてき》に表現《ひょうげん》したもの」です。

データは考《かんが》え方《かた》や感情《かんじょう》が表現《ひょうげん》されたものではないので、著作物《ちょさくぶつ》にはなりません。たとえば、毎日《まいにち》の天気《てんき》などを記録《きろく》したデータは著作《ちょさく》物《ぶつ》ではありません。そのため、レポートやプレゼンテーション資料《しりょう》にも活用《かつよう》することができます。ただし、そのデータをもとにつくられたグラフや表《ひょう》は著作物《ちょさくぶつ》になります。使《つか》いたいときは、「引用《いんよう》」のルールに従《したが》いましょう。

CASE ともだちが無断転載《むだんてんさい》している

夏休《なつやす》みの宿題《しゅくだい》として読書感想文《どくしょかんそうぶん》を提出《ていしゅつ》したHさん。すばらしい内容《ないよう》と評価《ひょうか》され、学内《がくない》の読書感想文《どくしょかんそうぶん》コンテストで賞《しょう》も受賞《じゅしょう》しました。しかし、あとになって別《べつ》の雑《ざっ》誌《し》に載《の》っていた読書感想文《どくしょかんそうぶん》をそのまま書《か》きうつしていたことがわかり、受賞《じゅしょう》は取《と》り消《け》しに。これは引用《いんよう》ではなく著作権侵害《ちょさくけんしんがい》です。

正《ただ》しい引用《いんよう》のやり方《かた》

どこから引用《いんよう》するの?

引用《いんよう》できるのは本《ほん》からだけではありません。本《ほん》のほか、ウェブサイト、論文《ろんぶん》、新聞《しんぶん》などから引用《いんよう》することができます。

引用《いんよう》は、自分《じぶん》が書《か》いた文章《ぶんしょう》の信頼性《しんらいせい》を高《たか》める効果《こうか》がある重要《じゅうよう》なものです。引用《いんよう》するときは本《ほん》や論文《ろんぶん》など、信頼度《しんらいど》が高《たか》いところから引用《いんよう》するとよいでしょう。

引用《いんよう》のやり方《かた》

▼**文章《ぶんしょう》の引用《いんよう》**

自分《じぶん》が書《か》く文章《ぶんしょう》より引用《いんよう》した部分《ぶぶん》が多《おお》くならないように注意《ちゅうい》が必要《ひつよう》です。また、引用部分《いんようぶぶん》がわかりづらくならないように気《き》をつけましょう。

出典《しゅってん》の書《か》き方《かた》

▼**本《ほん》から引用《いんよう》**

本《ほん》から引用《いんよう》する場合《ばあい》、出典《しゅってん》は著者《ちょしゃ》『タイトル』(出版社《しゅっぱんしゃ》・発行《はっこう》された年《とし》)・ページ数《すう》の順《じゅん》で記載《きさい》するとよいでしょう。

▼**インターネットから引用《いんよう》**

インターネットから引用《いんよう》する場合《ばあい》、出典《しゅってん》はウェブサイトを制作《せいさく》した人《ひと》の名前《なまえ》または団体名《だんたいめい》、ウェブページのタイトル、ウェブサイト名《めい》、URL《ユーアールエル》、参照《さんしょう》した日《ひ》の順《じゅん》に書《か》きます。

▼**新聞《しんぶん》から引用《いんよう》**

新聞《しんぶん》から引用《いんよう》する場合《ばあい》、出典《しゅってん》は新聞記事名《しんぶんきじめい》、新聞紙名《しんぶんしめい》、発行年月日《はっこうねんがっぴ》、朝夕刊《ちょうゆうかん》、ページ数《すう》の順《じゅん》で書《か》きます。

引用《いんよう》を用《もち》いたレポートの書《か》き方《かた》

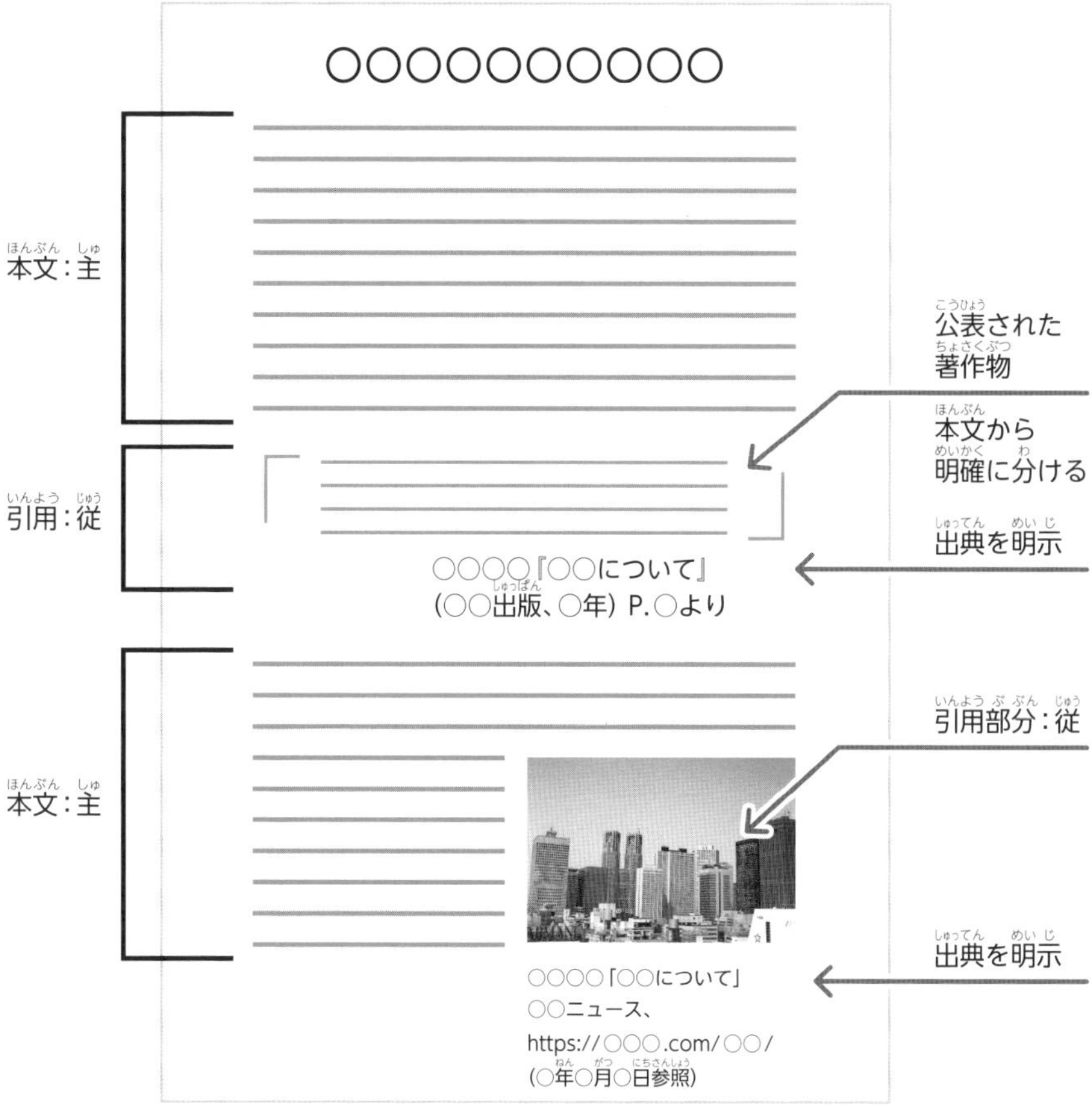
○○○○○○○○○○
本文《ほんぶん》:主《しゅ》
引用《いんよう》:従《じゅう》
本文《ほんぶん》:主《しゅ》
公表《こうひょう》された
著作物《ちょさくぶつ》
本文《ほんぶん》から
明確《めいかく》に分《わ》ける
出典《しゅってん》を明示《めいじ》
○○○○『○○について』
(○○出版《しゅっぱん》、○年) P.○より
引用部分《いんようぶぶん》:従《じゅう》
出典《しゅってん》を明示《めいじ》
○○○○「○○について」
○○ニュース、
https://○○○.com/○○/
(○年《ねん》○月《がつ》○日参照《にちさんしょう》)

正《ただ》しい引用《いんよう》でよりよいレポートが書《か》けるよ
ルールを知《し》っていればむずかしくないんだね

ともだちがつくったものの著作権《ちょさくけん》

著作物《ちょさくぶつ》には著作権《ちょさくけん》がある

自分《じぶん》の考《かんが》えや気持《きも》ちを文章《ぶんしょう》や絵《え》にしてあらわしたものは、全《すべ》て著作物《ちょさくぶつ》になります。著作物《ちょさくぶつ》には著作権《ちょさくけん》があり、それは作者《さくしゃ》がだれであったとしても同《おな》じです。

ともだちが何《なに》か創作物《そうさくぶつ》をつくり出《だ》したとしたら、その作品《さくひん》には著作権《ちょさくけん》が発生《はっせい》します。そうなると、勝手《かって》に利用《りよう》することはできません。ほかの著作物《ちょさくぶつ》と同《おな》じように扱《あつか》う必要《ひつよう》があります。

ともだちの作品《さくひん》を使《つか》うときは？

ともだちの作品《さくひん》であったとしても、勝手《かって》に使《つか》うことはできません。素敵《すてき》な作品《さくひん》だから紹介《しょうかい》したい！と思《おも》ったら、ともだちに許可《きょか》をとりましょう。

ともだちの作品《さくひん》でも
同《おな》じように
許可《きょか》をとらないとね

ともだちがつくったもの

勝手《かって》にコピーをすることはともだちの著作権侵害《ちょさくけんしんがい》に。

→ **勝手《かって》にコピー** ×

ともだちの許可《きょか》をとって広《ひろ》める場合《ばあい》は喜《よろこ》ばれます。

→ **許可《きょか》をとる** ○

勝手《かって》にコピーしたら
ともだちとトラブルに
なっちゃうかも？

グループ内《ない》でのコピーならOK《オーケー》？

仲《なか》のよいともだちグループだったとしても、ともだちの作品《さくひん》を勝《かっ》手《て》にコピーして配《くば》ったり、SNS《エスエヌエス》やLINE《ライン》などで共有《きょうゆう》するのはNG《エヌジー》です。もしかしたら、そのともだちはほかの人《ひと》に見《み》せたくないと思《おも》っているかもしれない、ということを忘《わす》れないようにしましょう。

ともだちがつくったものを大事《だいじ》にしよう

ともだちがつくったものも、プロがつくったものも、著作物《ちょさくぶつ》としては変《か》わりません。著作者《ちょさくしゃ》の気持《きも》ちを第一《だいいち》に考《かんが》えて、大切《たいせつ》に扱《あつか》いましょう。ともだちが望《のぞ》まない場合《ばあい》のコピーは絶対《ぜったい》にダメです。

宿題《しゅくだい》をうつすのはいいの？

読書感想文《どくしょかんそうぶん》などはそれぞれの考《かんが》え方《かた》があらわれるので著作権《ちょさくけん》が発《はっ》生《せい》します。算数《さんすう》など、答《こた》えがひとつしかない教科《きょうか》の宿題《しゅくだい》は、オリジナリティや個性《こせい》がないので問題《もんだい》ありません。

しかし、著作権《ちょさくけん》に関《かか》わらず、宿《しゅく》題《だい》は自分《じぶん》のためにやるもの。うつさず、自分《じぶん》の力《ちから》でやりましょう。

CASE　自分《じぶん》の作品《さくひん》が勝手《かって》にコピーされた

まんがを描《か》くのが大好《だいす》きな中学《ちゅうがく》2年生《ねんせい》のＦさん。上手《じょうず》に描《か》けたのでともだちのＧさんに、まんがを描《か》いたノートを貸《か》しました。Ｇさんは「おもしろい！」とほめてくれましたが、「もっとたくさんの人《ひと》に読《よ》んでほしい」と勝手《かって》にコピーをしてクラスのみんなに配《くば》ってしまったのです。Ｇさんは好意《こうい》でしたことですが、これは著作権《ちょさくけん》の侵害《しんがい》になります。

Column

AI《エーアイ》がつくったものはだれのもの？

指示《しじ》を出《だ》せば、要望《ようぼう》にあわせてイラストや文章《ぶんしょう》をつくってくれるAI《エーアイ》。では、生成AI《せいせいエーアイ》がつくったイラストや文章《ぶんしょう》の著作権《ちょさくけん》は、どうなっているのでしょう？

今《いま》の法律《ほうりつ》では解決《かいけつ》できない？

生成AI《せいせいエーアイ》は、人《ひと》ではないので著作権《ちょさくけん》の持《も》ち主《ぬし》にはなれません。しかし、生成AI《せいせいエーアイ》につくらせたAI生成物《エーアイせいせいぶつ》の著作権《ちょさくけん》については、次《つぎ》のように考《かんが》えられています。

もし、生成AI《せいせいエーアイ》を使《つか》って、「こういうものがつくりたい！」と自分独自《じぶんどくじ》のオリジナルの作品《さくひん》をつくることができれば、そのAI生成物《せいせいぶつ》はAI使用者《エーアイしようしゃ》のものになります。

しかし、単《たん》に数値《すうち》や条件《じょうけん》を入力《にゅうりょく》しただけでは、著作権《ちょさくけん》がみとめられない可能性《かのうせい》もあります。

生成AI《せいせいエーアイ》は、まだできたばかりの技術《ぎじゅつ》です。日本《にっぽん》の著作権法自体《ちょさくけんほうじたい》はAI《エーアイ》の活用《かつよう》を想定《そうてい》してつくられていますが、実際《じっさい》の利用《りよう》が適法《てきほう》か違法《いほう》かについては、はっきりしない部分《ぶぶん》もあります。生成AI《せいせいエーアイ》を使《つか》うときは、手描《てが》きの場合《ばあい》と同《おな》じく、他人《たにん》の作品《さくひん》と同《おな》じ、または似《に》た作品《さくひん》をインターネットにアップロードしたり販売《はんばい》したりすると、著作権侵害《ちょさくけんしんがい》になるおそれがあります。慎重《しんちょう》な利用《りよう》を心《こころ》がけましょう。

第《だい》5章《しょう》

つくるときの著作権《ちょさくけん》

著作権《ちょさくけん》は特別《とくべつ》なものではありません。なにか作品《さくひん》をつくったら、わたしたちも著作権者《ちょさくけんしゃ》になります。作品《さくひん》をつくったときにはどんな点《てん》に注意《ちゅうい》すべきか学《まな》んでいきましょう。

自分《じぶん》の作品《さくひん》ができた！

わぁ！
フフ～ン
オリジナルのイラスト完成《かんせい》したんだね！かっこいい！
さっそくSNS《エスエヌエス》にも投稿《とうこう》したんだ
みんなに見てほしいし！
ピロン
…ん？
この人《ひと》、ユウタが描《か》いた絵《え》勝手《かって》に載《の》せてるけど大丈夫《だいじょうぶ》？
ねこ太郎《たろう》
かっこいいイラスト見《み》つけた！
バン
ええ!?
どうしたの？
さっきのイラスト許可《きょか》してないのに転載《てんさい》してる人《ひと》がいて……
えっ
それって「著作権《ちょさくけん》の侵害《しんがい》」なんじゃ……
注意《ちゅうい》してみる！
これはオレがかいたイラストなのでやめてください…っと
ユータ
これはオレがかいたイラストなので転載《てんさい》はやめてください！
ねこ太郎《たろう》
あなたがかいたイラストっていう証拠《しょうこ》はあるんですか？
はぁ!?

まちがいなく オレがかいた イラストなのに！
ふあ〜
どうしたの〜？
リサ お姉《ねえ》ちゃん！
事件《じけん》だよ！ オレの著作権《ちょさくけん》が 侵害《しんがい》されたんだ！
なんだってー!?
—なるほど
それは むずかしい 問題《もんだい》だ……
つくっているところを 見《み》ていない人《ひと》には 著作権者《ちょさくけんじゃ》だって わかって もらいにくいから
作品《さくひん》にはしっかり 名前《なまえ》をかいておくと いいよ
ユウタ
署名《しょめい》・サインをかく
ペンネームや
イニシャル・はんこ
でもOK《オーケー》
ほかにもコピー できないように 透《す》かしをいれたり コピーや転載禁止《てんさいきんし》 って注意《ちゅうい》がきを しておくと
sample
無断転載禁止
すこしは ふせげるかも しれないね
なるほど……

ピロン
また通知《つうち》だ なになに…
…えっ!?
今度《こんど》はどうしたの?
M
このイラスト、私《わたし》がむかしかいたイラストに似《に》てる……
オレのイラストがほかの人《ひと》のイラストに似《に》てるって……
ユウタはフリー素材《そざい》を使《つか》ったり、だれかのイラストのまねをしたりした?
してないよ!
じゃあ、たまたま似《に》ちゃったんだね!
それなら著作権《ちょさくけん》の侵害《しんがい》にはならないから大丈夫《だいじょうぶ》!
そうなんだ!
よかった…
ホッ
あっ! さっきのSNS《エスエヌエス》の人《ひと》たちもちゃんと説明《せつめい》したらわかってくれたみたい!
よかったね!

つくった人《ひと》を守《まも》る「著作者人格権《ちょさくしゃじんかくけん》」

著作者人格権《ちょさくしゃじんかくけん》は名誉《めいよ》や気持《きも》ちを守《まも》る権利《けんり》

著作者《ちょさくしゃ》がもつ2つの権利《けんり》のうち、著作者人格権《ちょさくしゃじんかくけん》は著作者《ちょさくしゃ》の名誉《めいよ》や気持《きも》ちを守《まも》るための権利《けんり》です。著作物《ちょさくぶつ》は著作者《ちょさくしゃ》の考《かんが》えや気持《きも》ちを形《かたち》にしたもの。作品《さくひん》をつくったときの思《おも》い入《い》れや気持《きも》ちを守《まも》るのが著作者人格権《ちょさくしゃじんかくけん》です。著作者人格《ちょさくしゃじんかく》権《けん》は著作権《ちょさくけん》とちがい、著作者《ちょさくしゃ》だけがもつことができ、著作者《ちょさくしゃ》が亡《な》くなると消滅《しょうめつ》しますが、死後《しご》であっても、著作者人格権侵害《ちょさくしゃじんかくけんしんがい》になるような行為《こうい》はやってはいけないとされています。

著作者人格権《ちょさくしゃじんかくけん》の3つの権利《けんり》

著作者人格権《ちょさくしゃじんかくけん》には3つの権利《けんり》があります。

①公表権《こうひょうけん》（勝手《かって》に発表《はっぴょう》されない）

著作物《ちょさくぶつ》を公表《こうひょう》するかどうか、また、公表《こうひょう》する場合《ばあい》はどのような方法《ほうほう》で公表《こうひょう》するかを決《き》められる権利《けんり》

②氏名表示権《しめいひょうじけん》（勝手《かって》に名前《なまえ》を書《か》きかえられない）

著作物《ちょさくぶつ》に名前《なまえ》を表示《ひょうじ》するかどうか、表示《ひょうじ》する場合《ばあい》は本名《ほんみょう》またはペンネームにするかを決《き》められる権利《けんり》

③同一性保持権《どういつせいほじけん》（勝手《かって》に作品《さくひん》を変《か》えられない）

自分《じぶん》の作品《さくひん》のタイトルや内容《ないよう》を、ほかの人《ひと》に勝手《かって》に変《か》えられない権利《けんり》

勝手《がって》に変《か》えられるのはいやだもんね

「著作者人格権《ちょさくしゃじんかくけん》」と財産権《ざいさんけん》としての「著作権《ちょさくけん》」

「著作者人格権《ちょさくしゃじんかくけん》」は著作者《ちょさくしゃ》しかもつことができませんが、「著作権《ちょさくけん》」は別《べつ》の人《ひと》にゆずることができます。

なぜ著作者人格権《ちょさくしゃじんかくけん》は著作者《ちょさくしゃ》だけしかもつことができないのでしょうか。それは、著作物《ちょさくぶつ》が著作者《ちょさくしゃ》の考《かんが》えや気持《きも》ちがこめられた表現物《ひょうげんぶつ》だからです。考《かんが》えや気持《きも》ちは、その人《ひと》だけのものなので、著作者人《ちょさくしゃじん》格権《かくけん》は著作者《ちょさくしゃ》しかもてないのです。

著作権《ちょさくけん》は、著作物《ちょさくぶつ》によって収入《しゅうにゅう》(財産《ざいさん》)を得《え》ることができます。財産《ざいさん》を得《え》る権利《けんり》が含《ふく》まれているため、財産権《ざいさんけん》として著作権《ちょさくけん》がとりあつかわれることがあります。財産《ざいさん》はゆずることができるので、著作《ちょさく》権《けん》はゆずることができるのです。

つくっていなくても著作権《ちょさくけん》がもてる?

上段《じょうだん》で説明《せつめい》したようにつくった人《ひと》以外《いがい》でも著作権《ちょさくけん》をもつことができます。

たとえば、著作者《ちょさくしゃ》が著作権《ちょさくけん》を売《う》ったとき、著作権《ちょさくけん》を買《か》った人《ひと》は作品《さくひん》をつくっていなくても著作権《ちょさくけん》をもつ人《ひと》になることができます。また、著作者《ちょさくしゃ》が亡《な》くなったとき、遺族《いぞく》が著作権《ちょさくけん》を相続《そうぞく》できます。

CASE

替《か》え歌《うた》は問題《もんだい》になる?

ある芸人《げいにん》さんが、有名《ゆうめい》な童謡《どうよう》を使《つか》った替《か》え歌《うた》をつくりました。その替《か》え歌《うた》は歌《うた》ネタとして、大《だい》ブレイクしました。しかし、作詞《さくし》をした人《ひと》から「許可《きょか》なく歌詞《かし》を変《か》えて発表《はっぴょう》された」「自分《じぶん》の作品《さくひん》が傷《きず》つけられた」と著作者人格権侵害《ちょさくしゃじんかくけんしんがい》でうったえられる事件《じけん》になってしまいました。この事件《じけん》は和解《わかい》して解決《かいけつ》しましたが、替《か》え歌《うた》をつくるときは、実《じつ》は作詞家《さくしか》の許可《きょか》が必要《ひつよう》なのです。

著《ちょ》作《さく》権《けん》をみとめてもらうには？

著作者《ちょさくしゃ》が自分《じぶん》だとわかるようにする

美術《びじゅつ》や国語《こくご》の時間《じかん》につくった作《さく》品《ひん》は、あなたがつくったところを見《み》ている先生《せんせい》やともだちがいるので、著作者《ちょさくしゃ》があなただとわかります。でも、自分《じぶん》の部屋《へや》でつくったものや、つくったところを見《み》ていない人《ひと》にみとめてもらうのは大変《たいへん》です。自分《じぶん》の作品《さくひん》だとみんなにわかってもらうためにも、作品《さくひん》のどこかに自分《じぶん》の名前《なまえ》を書《か》くことを忘《わす》れないようにしましょう。

本名《ほんみょう》じゃないといけない？

では、名前《なまえ》を書《か》くとき、必《かなら》ず本《ほん》名《みょう》でなければいけないのでしょうか。自分《じぶん》の名前《なまえ》を知《し》られたくない、はずかしいという場合《ばあい》は、ペンネームでも問題《もんだい》ありません。著作《ちょさく》権法《けんほう》では、本名以外《ほんみょういがい》にペンネームやイニシャル、ニックネームなどでも作品《さくひん》に書《か》かれていれば、その名前《なまえ》の人《ひと》を著作者《ちょさくしゃ》と推定《すいてい》するとされています。つくった人《ひと》がだれかがわかれば大丈夫《だいじょうぶ》なので、必《かなら》ず名《な》前《まえ》を書《か》きましょう。

©マークってなに？

作品《さくひん》のどこかに©のマークを見《み》たことがある人《ひと》も多《おお》いのではないでしょうか。©はCopyrightを略《りゃく》したもので「マルシーマーク」ともよばれているものです。

万国著作権条約《ばんこくちょさくけんじょうやく》では、著作権《ちょさくけん》があることを示《しめ》すために必要《ひつよう》な表記《ひょうき》とされていますが、それ以外《いがい》でも©マークをつけることによって、無断《むだん》コピーを防止《ぼうし》するだけでなく、保護期間《ほごきかん》の表示《ひょうじ》や著作権者《ちょさくけんしゃ》がだれかをはっきりさせることができます。

©マークを使《つか》った書《か》き方《かた》

①©の記号《きごう》
②著作物《ちょさくぶつ》の発行年《はっこうねん》
③著作権保持者《ちょさくけんほじしゃ》の名前《なまえ》（個人名《こじんめい》、企業名《きぎょうめい》）

↓

▼アカリさんが2024年《ねん》に書《か》いた小説《しょうせつ》に©マークを入《い》れる場合《ばあい》

© 2024 Akari.

これで自分《じぶん》が書《か》いたものだとアピールできるんだね

有名人《ゆうめいじん》のサインは著作物《ちょさくぶつ》？

では、サイン自体《じたい》が著作物《ちょさくぶつ》になることはあるのでしょうか。有名《ゆうめい》人《じん》が書《か》いたサインについては、著《ちょ》作物《さくぶつ》にあたらないと考《かんが》えられています。

しかし、イラストが含《ふく》まれるサインならば、イラスト部分《ぶぶん》は著作《ちょさく》物《ぶつ》ですし、有名人《ゆうめいじん》のサイン自体《じたい》もパブリシティ権《けん》にあてはまるとも考《かんが》えられるので、勝手《かって》に売買《ばいばい》したり、複製《ふくせい》したりすると、パブリシティ権《けん》の侵害《しんがい》となるおそれがあります。

著《ちょ》作《さく》物《ぶつ》にならないもの

オリジナルの作品《さくひん》以外《いがい》はみとめられない

ここでもう一度《いちど》、著作物《ちょさくぶつ》とはなにかを確認《かくにん》しましょう。

著作物《ちょさくぶつ》とは「人《ひと》のコピーではなく、自分《じぶん》の考《かんが》えやアイデアを自分《じぶん》なりの表現《ひょうげん》でつくったもの」のこと。自分《じぶん》で考《かんが》えたアイデアや表現《ひょうげん》がなければ、著作物《ちょさくぶつ》とはみとめられません。だれがつくっても同《おな》じようになるものは、著作物《ちょさくぶつ》として保護《ほご》されません。

▼**例《れい》① データや事実《じじつ》**

日本《にほん》の総面積《そうめんせき》や総人口《そうじんこう》、平均気温《へいきんきおん》などは、単《たん》なる事実《じじつ》や情報《じょうほう》なので、個人《こじん》の考《かんが》えや感情《かんじょう》が入《はい》っているものではありません。また、「○○の法則《ほうそく》」のような学術的《がくじゅつてき》な定義《ていぎ》も、事実《じじつ》なので著作物《ちょさくぶつ》ではありません。

▼**例《れい》② あいさつや単語《たんご》**

「おはようございます」や「明《あ》けましておめでとうございます」といった、ありふれたあいさつはオリジナルの要素《ようそ》がないので、著《ちょ》作物《さくぶつ》ではありません。「激安《げきやす》」といった単語《たんご》の組《く》み合《あ》わせも同《おな》じです。

▼例《れい》③ 料理《りょうり》やお菓子《かし》のレシピやアイデア

レシピは「料理《りょうり》の手順《てじゅん》に関《かん》するアイデア」として判断《はんだん》されることが多《おお》く、基本的《きほんてき》に著作物《ちょさくぶつ》としてみとめられません。バッグや衣服《いふく》、お財布《さいふ》など実用品《じつようひん》のハンドメイド作品《さくひん》は著作物《ちょさくぶつ》としてみとめられないことが多《おお》いですが、自分《じぶん》で考《かんが》えたキャラクターのぬいぐるみなどの場合《ばあい》は、美術《びじゅつ》の著作物《ちょさくぶつ》となります。

著作物《ちょさくぶつ》になるもの

例《れい》①～③のものも、使《つか》い方《かた》によっては著作物《ちょさくぶつ》になります。たとえば、データや事実《じじつ》を使《つか》って書《か》いたグラフや論文《ろんぶん》は、書《か》き手《て》の考《かんが》えをもとにつくられているので著作物《ちょさくぶつ》です。レシピやアイデアの場合《ばあい》は、自分《じぶん》のブログで写真《しゃしん》つきで公開《こうかい》したり、本《ほん》にすることで著作物《ちょさくぶつ》となります。

CASE 一発《いっぱつ》ギャグは著作物《ちょさくぶつ》？

芸人《げいにん》さんの一発《いっぱつ》ギャグがはやると、スーパーのチラシやテレビのCM《シーエム》のなかで、キャッチコピーとして使《つか》われることがあります。これは著作権侵害《ちょさくけんしんがい》になるのでしょうか。一発《いっぱつ》ギャグは短《みじか》い単語《たんご》の組《く》み合《あ》わせとして考《かんが》えられ、著作物《ちょさくぶつ》ではないと考《かんが》えられます。同《おな》じく、短《みじか》い単語《たんご》でつくられたキャッチコピーも著作物《ちょさくぶつ》ではありません。

つくったものが偶然《ぐうぜん》似《に》ていたら？

「偶然《ぐうぜん》似《に》てしまった」はある

たくさんの人《ひと》がいろいろな作品《さくひん》を、日々《ひび》つくっています。その全《ぜん》部《ぶ》を知《し》っている人《ひと》はだれもいません。つくったあとに自分《じぶん》がつくるよりも前《まえ》につくられた作品《さくひん》と似《に》ていることを知《し》った場合《ばあい》、どうしたらいいでしょう。「作品《さくひん》をマネしてやろう」という意思《いし》があってつくるのは著作権侵害《ちょさくけんしんがい》です。でも、作品《さくひん》の存在《そんざい》を知《し》らないでつくった場合《ばあい》は、どちらも著作物《ちょさくぶつ》としてみとめられます。

似《に》ている＝著作権侵害《ちょさくけんしんがい》ではない

新《あたら》しいキャラクターを考《かんが》えたとき、今《いま》まで世《よ》の中《なか》に存在《そんざい》していないものが必《かなら》ずつくれるでしょうか。自分《じぶん》なりのアイデアで考《かんが》えてつくったとしても、調《しら》べてみたら同《おな》じようなキャラクターがあるかもしれません。それも著作権侵害《ちょさくけんしんがい》にしたら、なにもつくれなくなってしまいます。著作権《ちょさくけん》はつくった人《ひと》、これからつくる人《ひと》の両方《りょうほう》を守《まも》るためにある権利《けんり》なのです。

似《に》ているだけでは著作権侵害《ちょさくけんしんがい》ではないのね
むかしの作品《さくひん》と似《に》ていても偶然《ぐうぜん》似《に》ただけなら自分《じぶん》の著作物《ちょさくぶつ》にもなるんだ！

どこからがマネになる？

では、どこからが著作権侵害《ちょさくけんしんがい》になってしまうのでしょうか。「作《さく》品《ひん》のことをもともと知《し》っていて」「その作品《さくひん》をもとにつくる」ことはマネとなり、著作権侵害《ちょさくけんしんがい》となります。でも、作品《さくひん》を知《し》っていて意《い》識《しき》してマネしていなくても、無意《むい》識《しき》に似《に》てしまうこともあります。それは著作権侵害《ちょさくけんしんがい》にならない可能《かのう》性《せい》がありますが、似《に》ていると気《き》づいた時点《じてん》で、なるべく自分《じぶん》のオリジナルになるように修正《しゅうせい》するほうがいいでしょう。どこからがマネかを明確《めいかく》に判断《はんだん》するのはむずかしいですが、マネにならないように注意《ちゅうい》してつくることは大切《たいせつ》です。

だれかの作品《さくひん》を参考《さんこう》にするのもマネ？

好《す》きなアーティストの作品《さくひん》を参《さん》考《こう》にして、自分《じぶん》なりの作品《さくひん》をつくりたいときはどうしたらいいでしょう。好《す》きなものを尊敬《そんけい》してつくりたい気持《きも》ちは悪《わる》いものではありません。でも、それをつくった人《ひと》たちが「コピーされた」と思《おも》うようなものは、つくらないようにしましょう。

作品《さくひん》をコピーしたり改編《かいへん》したりすることはNG《エヌジー》ですが、「画風《がふう》」には著作権《ちょさくけん》がありませんので、画《が》風《ふう》をマネすることは著作権侵害《ちょさくけんしんがい》にはなりません。

CASE 一部分《いちぶぶん》だけのマネでも著作権侵害《ちょさくけんしんがい》？

中学《ちゅうがく》1年生《ねんせい》のUさんはイラストを描《か》くときに、どうしても目《め》だけ上手《じょうず》に描《か》けないのがなやみです。そこで、SNS《エスエヌエス》にアップロードされている他人《たにん》のイラストから目《め》の部分《ぶぶん》だけトレースして自分《じぶん》の絵《え》にしました。自分《じぶん》で楽《たの》しむ分《ぶん》には問題《もんだい》ありませんが、作品《さくひん》として発表《はっぴょう》するにはごく一部《いちぶ》だとしてもNG《エヌジー》です。ちょっとだからいいかな、は絶対《ぜったい》ダメです！

自由《じゆう》に使《つか》える著作物《ちょさくぶつ》がある？

許可《きょか》なしで自由《じゆう》に使《つか》える著作物《ちょさくぶつ》

なにか著作物《ちょさくぶつ》を使《つか》いたい場合《ばあい》は、つねに許可《きょか》をとらないといけないのでしょうか。「利用《りよう》する際《さい》に許諾《きょだく》がいるかの判別《はんべつ》」の図《ず》（25ページ）にもあったように、著作物《ちょさくぶつ》のなかには著作権《ちょさくけん》が消滅《しょうめつ》しているものもあります。これらは許可《きょか》をとらずに、だれでも自由《じゆう》にコピーや出版《しゅっぱん》、転載《てんさい》などができます。

著作権《ちょさくけん》が消滅《しょうめつ》した作品《さくひん》は、次《つぎ》のようなものがあてはまります。

①保護期間《ほごきかん》が終《お》わった

著作者《ちょさくしゃ》の死後《しご》70年《ねん》を超《こ》えたものは、基本的《きほんてき》に著作権《ちょさくけん》がなくなります（23ページ）。

②著作権《ちょさくけん》の相続《そうぞく》がなかった

著作者《ちょさくしゃ》が死亡《しぼう》した際《さい》に、相続人《そうぞくにん》がいなかった場合《ばあい》は著作権《ちょさくけん》がなくなります。

③著作権《ちょさくけん》が承継《しょうけい》されなかった

著作権《ちょさくけん》の承継先《しょうけいさき》のない企業《きぎょう》が倒産《とうさん》したり、団体《だんたい》が解散《かいさん》したりするときなど、保有《ほゆう》する著作権《ちょさくけん》がだれにも承継《しょうけい》されなかった場合《ばあい》、著作権《ちょさくけん》がなくなります。

著作権《ちょさくけん》が切《き》れた著作物《ちょさくぶつ》を使《つか》った作品《さくひん》やサービス

著作権《ちょさくけん》が切《き》れた著作物《ちょさくぶつ》はだれでも自由《じゆう》に無料《むりょう》で使《つか》えるので、もとの作品《さくひん》をそのまま本《ほん》にしたり、参考《さんこう》にして新《あたら》しい作品《さくひん》をつくっても問題《もんだい》ありません。

たとえば、ゴッホの「ひまわり」という有名《ゆうめい》な絵《え》をハンカチに印刷《いんさつ》して売《う》ったり、参考《さんこう》にして新《あたら》しい作品《さくひん》を描《か》いても大丈夫《だいじょうぶ》なのです。

条件《じょうけん》を守《まも》ると自由《じゆう》に使《つか》える著作物《ちょさくぶつ》

今紹介《いましょうかい》したものは著作権《ちょさくけん》がなくなっている作品《さくひん》でしたが、著作者《ちょさくしゃ》がルールを決《き》めて、そのルールのなかなら作品《さくひん》を自由《じゆう》に使《つか》ってもいいと指定《してい》する方法《ほうほう》のひとつにクリエイティブ・コモンズ・ライセンス（CCライセンス）があります。著作者《ちょさくしゃ》が決《き》めたルールの範囲《はんい》で使《つか》うことができるのであって、著作権《ちょさくけん》がなくなっているわけではありません。

注意《ちゅうい》は必要《ひつよう》だけど
みんなが使《つか》える
っていいね！

▼CCライセンスの種類《しゅるい》

著作者《ちょさくしゃ》が「この条件《じょうけん》を守《まも》れば、私《わたし》の作品《さくひん》を自由《じゆう》に利用《りよう》してよい」と意思表示《いしひょうじ》をしています。その条件《じょうけん》は4種類《しゅるい》あり、これらを組《く》み合《あ》わせて合計《ごうけい》6種類《しゅるい》になります。

非営利《ひえいり》
営利目的《えいりもくてき》で使用《しよう》しないことで作品使《さくひんし》用《よう》が可能《かのう》

表示《ひょうじ》
著作者《ちょさくしゃ》のクレジットを記載《きさい》することで作品使用《さくひんしよう》が可能《かのう》

継承《けいしょう》
もとの作品《さくひん》と同じCCライセンスで公開《こうかい》することで作《さく》品使用《ひんしよう》が可能《かのう》

改変禁止《かいへんきんし》
作品《さくひん》を改変《かいへん》しないことで作品使用《さくひんしよう》が可能《かのう》

引用《いんよう》：クリエイティブ・コモンズ・ジャパン「クリエイティブ・コモンズ・ライセンスとは」、https://creativecommons.jp/licenses/（2023年《ねん》12月《がつ》10日参照《かさんしょう》）

著作者人格権《ちょさくしゃじんかくけん》は必《かなら》ず守《まも》ろう

著作者人格権《ちょさくしゃじんかくけん》は、著作者《ちょさくしゃ》が亡《な》くなると消滅《しょうめつ》しますが、著作物《ちょさくぶつ》が自《じ》由《ゆう》に使《つか》えるからと、自分《じぶん》がその作《さく》品《ひん》の著作者《ちょさくしゃ》であるふりをするのはいけません。なぜなら、「著作者《ちょさくしゃ》が亡《な》くなった後《あと》も、著作者《ちょさくしゃ》が存在《そんざい》しているとしたならばその著作者《ちょさくしゃ》人格権《じんかくけん》の侵害《しんがい》となるべき行為《こうい》をしてはならない」という決《き》まりがあるからです。また、著作者《ちょさくしゃ》を否定《ひてい》したり、名誉《めいよ》を傷《きず》つけたりするのは著作者人格権《ちょさくしゃじんかくけん》の侵害《しんがい》になります。

「フリー素材《そざい》」ってなに？

ルールを守《まも》れば許可《きょか》をとらずに使《つか》える素材《そざい》

ネット検索《けんさく》をしていると、「フリー素材《そざい》」と書《か》いてあるサイトが多《おお》く見《み》つかります。フリー素材《そざい》とは、個別《こべつ》で許可《きょか》をとらずに利用《りよう》できる画像《がぞう》やデータのこと。代表的《だいひょうてき》なものは、「音楽《おんがく》（サウンド）素材《そざい》」「フォント素材《そざい》」「写真《しゃしん》（イラスト）素材《そざい》」です。

しかし、著作権《ちょさくけん》までフリーではありません。よく規約《きやく》を確認《かくにん》してから使《つか》いましょう。

使《つか》う前《まえ》にルールを確認《かくにん》しよう

フリー素材《そざい》を使《つか》う前《まえ》に大切《たいせつ》なのは「ルールの確認《かくにん》」です。各《かく》サイトのなかにある「利用規約《りようきやく》」という項目《こうもく》に、細《こま》かいルールが書《か》かれています。サイトごとにルールはちがうので、「ほかのところで大丈夫《だいじょうぶ》だったから平気《へいき》だろう」と思《おも》って使《つか》うと、禁止事項《きんしじこう》で著作権《ちょさくけん》侵害《しんがい》になったというケースもあります。使《つか》い方《かた》を決《き》めた上《うえ》で、ルールを確認《かくにん》しましょう。

利用規約《りようきやく》の例《れい》

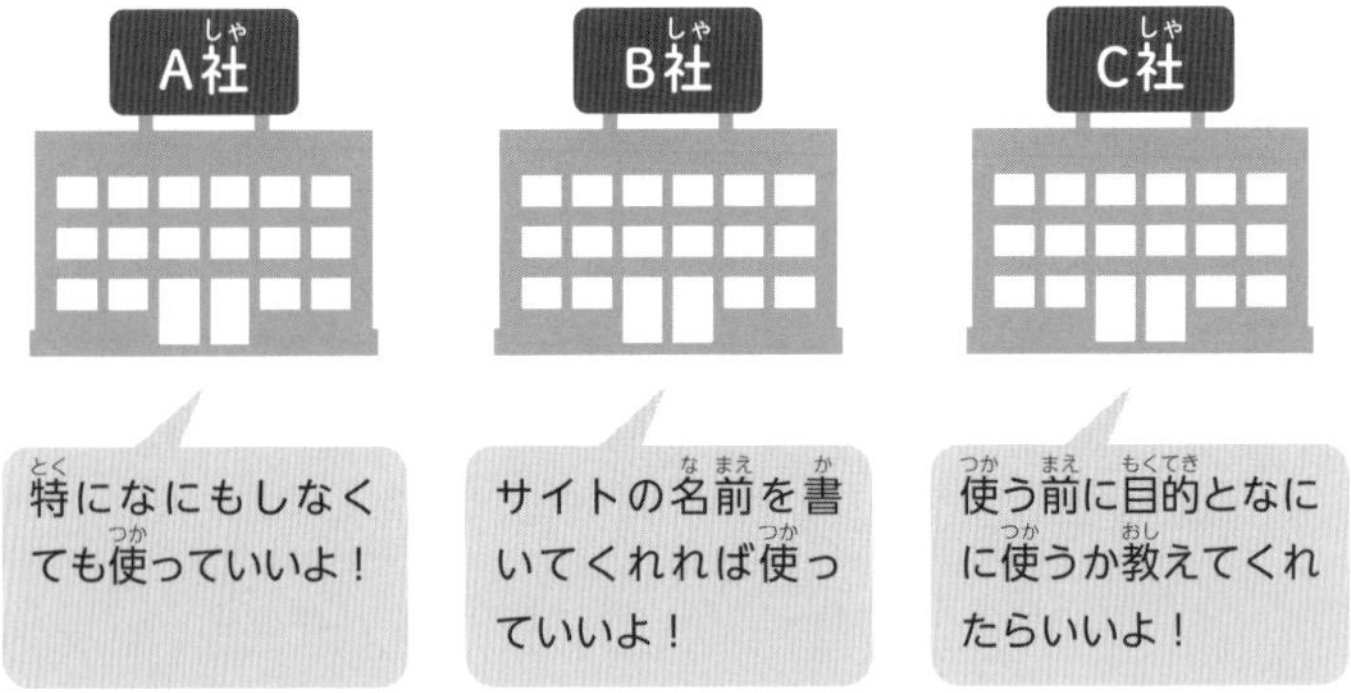
A社《しゃ》
特《とく》になにもしなくても使《つか》っていいよ！
B社《しゃ》
サイトの名前《なまえ》を書《か》いてくれれば使《つか》っていいよ！
C社《しゃ》
使《つか》う前《まえ》に目的《もくてき》となにに使《つか》うか教《おし》えてくれたらいいよ！

人《ひと》の顔《かお》の入《はい》った写真《しゃしん》は使《つか》うときに注意《ちゅうい》

モデルさんなど人《ひと》の顔《かお》がメインの写真《しゃしん》は、フリー素材《そざい》であっても注意《ちゅうい》が必要《ひつよう》です。モデルさんは著作者《ちょさくしゃ》ではありませんが、自分《じぶん》の姿形《すがたかたち》を守《まも》る権利《けんり》（肖像権《しょうぞうけん》）をもっています。カメラマンの著作権《ちょさくけん》について許可《きょか》があっても、無断《むだん》で人《ひと》を撮影《さつえい》した写真《しゃしん》は、利用《りよう》できなくなります。

モデルさんがうつっている写真《しゃしん》は「モデルリリース」というルールが、利用規約《りようきやく》とは別《べつ》にある場合《ばあい》があるので、よくチェックしましょう。

フリー素材《そざい》でも無料《むりょう》で使《つか》えないこともある

フリーという言葉《ことば》は人《ひと》によってあいまいです。「フリー素材《そざい》」と書《か》いてあっても、著作権《ちょさくけん》もフリー（自由《じゆう》）なのか、利用料《りようりょう》だけがフリー（無料《むりょう》）なのか、利用規約《りようきやく》を読《よ》んで確認《かくにん》することはとても大切《たいせつ》です。また、会社《かいしゃ》や売《う》り物《もの》として使《つか》う場合《ばあい》は有料《ゆうりょう》だったり、会員登録《かいいんとうろく》をすれば無料《むりょう》だけどあとからお金《かね》がかかったりするというサイトも多《おお》くあります。

定義《ていぎ》があいまいな言葉《ことば》だからこそ、決《き》まっているルールを確認《かくにん》することを心《こころ》がけましょう。

CASE 「無料《むりょう》」と書《か》いてあったのに無料《むりょう》じゃなかった！

学校《がっこう》の自由研究《じゆうけんきゅう》で花《はな》の写真《しゃしん》を探《さが》していたTさんは、ネット検索《けんさく》してフリー素材《そざい》サイトを使《つか》うことにしました。サイトには「無料《むりょう》で使《つか》える」と書《か》いてありましたが、使《つか》いたかった画像《がぞう》はなぜか有料《ゆうりょう》でした。サイトによっては一部《いちぶ》のものだけが無料《むりょう》で、実際《じっさい》はほとんどが有料《ゆうりょう》でしか使《つか》えない場合《ばあい》もあります。サイトの名前《なまえ》やキャッチコピーだけで判断《はんだん》するのは気《き》をつけましょう。

フリー素材《そざい》の正《ただ》しい探《さが》し方《かた》

利用規約《りようきやく》が書《か》いてあるサイトを探《さが》す

利用規約《りようきやく》は「使《つか》ってもいいルール」をまとめているものです。これが書《か》いていないものは、著作者《ちょさくしゃ》に許可《きょか》なく勝手《かって》に素材《そざい》を集《あつ》めて配布《ふ》している悪質《あくしつ》なサイトの可能性《かのうせい》があります。また、ルールがないことを理由《りゆう》に、あとから「許可《きょか》していないから使《つか》ってはだめ！」と言《い》われる場合《ばあい》も。安全《あんぜん》に使用《しよう》するための主《おも》なチェックポイントは次《つぎ》のとおりです。

POINT

- **料金《りょうきん》が発生《はっせい》するのか**
- **商用利用《しょうようりよう》もOK《オーケー》なのか**

※商用利用《しょうようりよう》：パンフレット・チラシ・ポスター・ウェブサイトなど、利益《りえき》を得《え》る活動《かつどう》に使用《しよう》すること

- **加工《かこう》は可能《かのう》か**
- **クレジット表記《ひょうき》やリンク表記《ひょうき》が必要《ひつよう》か**
- **使用許可《しようきょか》を得《え》る必要《ひつよう》があるか**
- **サイトの素材《そざい》の著作権《ちょさくけん》をだれがもっているか**

フリーだとしても
使《つか》うときのルールは
確認《かくにん》しないとね

画像検索《がぞうけんさく》から直接使《ちょくせつつか》わないようにする

画像検索《がぞうけんさく》で「フリー素材《そざい》」と書《か》いてあるものを見《み》つけても、画像《がぞう》検索結果《けんさくけっか》の画面《がめん》からコピーして使《つか》うのは利用規約《りようきやく》を確認《かくにん》していないので危険《きけん》です。めんどうだと思《おも》っても、その画像《がぞう》がのっているサイトに直接《ちょくせつ》アクセスして利用規約《りようきやく》を確認《かくにん》してから使《つか》いましょう。また、フリー素材《そざい》ではないのに画像検索《がぞうけんさく》に出《で》てくるケースもありますから注意《ちゅうい》が必要《ひつよう》です。

フリー素材《そざい》でも無断転載《むだんてんさい》になることもあるんだ

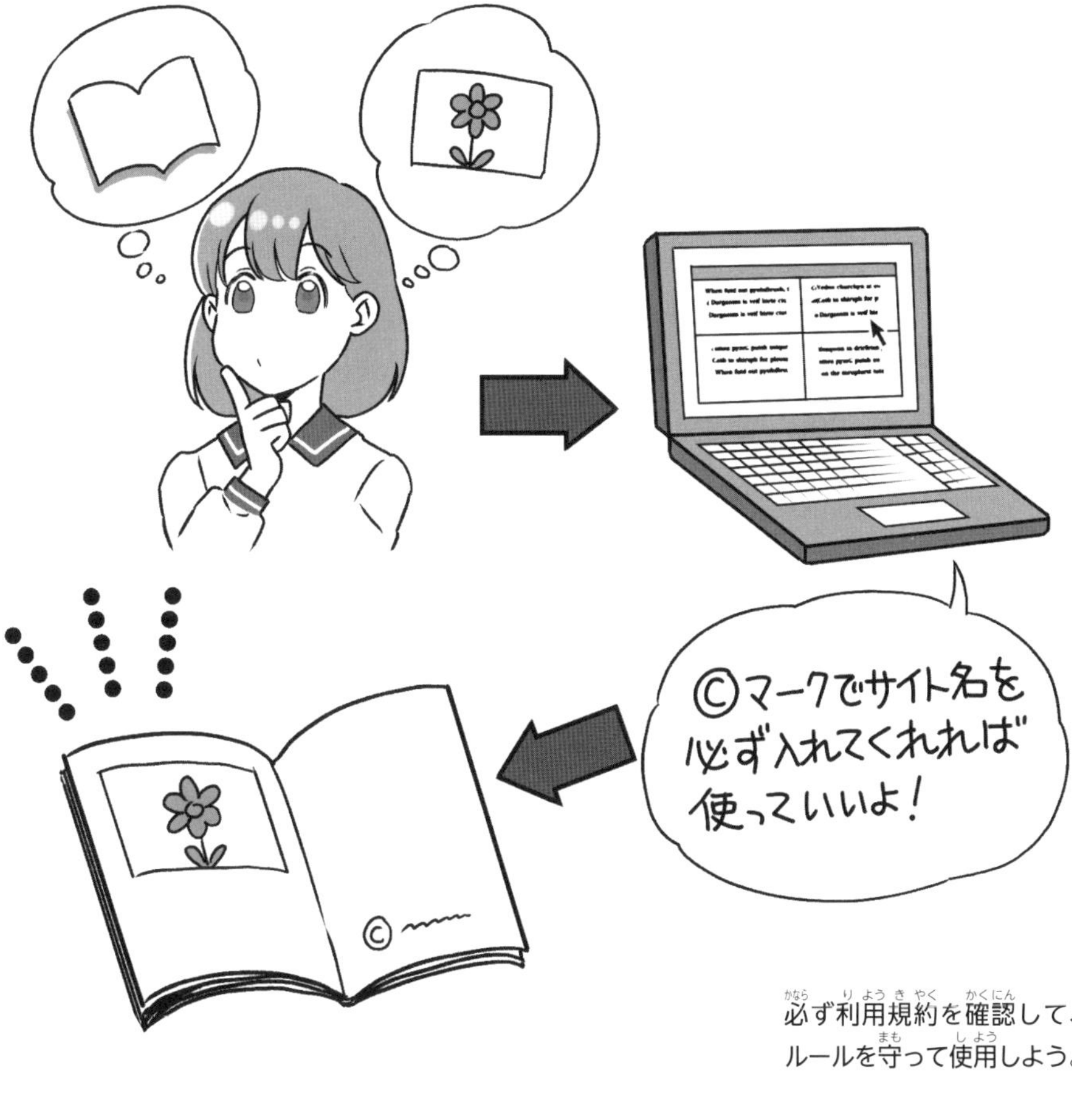
©マークでサイト名を必ず入れてくれれば使っていいよ！

必《かなら》ず利用規約《りようきやく》を確認《かくにん》して、ルールを守《まも》って使用《しよう》しよう。

Column

二次創作《にじそうさく》してもいい範囲《はんい》は？

好《す》きなアニメやまんが作品《さくひん》ができて、その絵《え》をまねて描《か》いてみたいと思《おも》ったとき、なにに気《き》をつけたらよいでしょう。

▶▶ 作者《さくしゃ》の利益《りえき》を損《そこ》なわない楽《たの》しみ方《かた》を

ステキなアニメやまんがを見《み》て、その続《つづ》きをオリジナルのまんがにしたり、小説《しょうせつ》にしたりしたい！　とか、イラストやフィギュアをつくりたい！　と思《おも》ったことはありませんか？

それらは、二次創作《にじそうさく》と呼《よ》ばれ、今《いま》アニメやまんがの世界《せかい》では盛《さか》んに行《おこな》われています。

しかし、二次創作《にじそうさく》は原則《げんそく》として、すべてもとの作品《さくひん》の作者《さくしゃ》に許可《きょか》してもらう必要《ひつよう》があります。

もし、二次創作《にじそうさく》をやってみたい！　と思《おも》ったら、個人的《こじんてき》に家《いえ》のなかで楽《たの》しむか、二次創作《にじそうさく》が許可《きょか》されている作品《さくひん》で行《おこな》うようにしましょう。またその際《さい》は、二次創作《にじそうさく》についてのガイドラインや禁止事項《きんしじこう》を必《かなら》ず確認《かくにん》しましょう。

私《わたし》は二次創作《にじそうさく》OK《オーケー》だけど、
NG《エヌジー》って作家《さっか》もいるよ！
大切《たいせつ》なキャラクターが
不幸《ふこう》になる二次創作《にじそうさく》は
ダメってルールは
守《まも》ってほしいな

第《だい》 6 章《しょう》

著作権法《ちょさくけんほう》のなかで楽《たの》しもう

だれにでも与《あた》えられる著作権《ちょさくけん》という権利《けんり》も、みんなが法律《ほうりつ》というルールを守《まも》ってこそ成《な》り立《た》つものです。法律《ほうりつ》を守《まも》るためにも、改《あらた》めて理解《りかい》を深《ふか》めておきましょう。

ズバリ！
そういうときは
ガイドラインを
確認《かくにん》すると
よいでしょう!!
ドーン
ガイドライン!?
ちゃんと考えてエライ！

Episode 8

ガイドラインを確認《かくにん》しよう

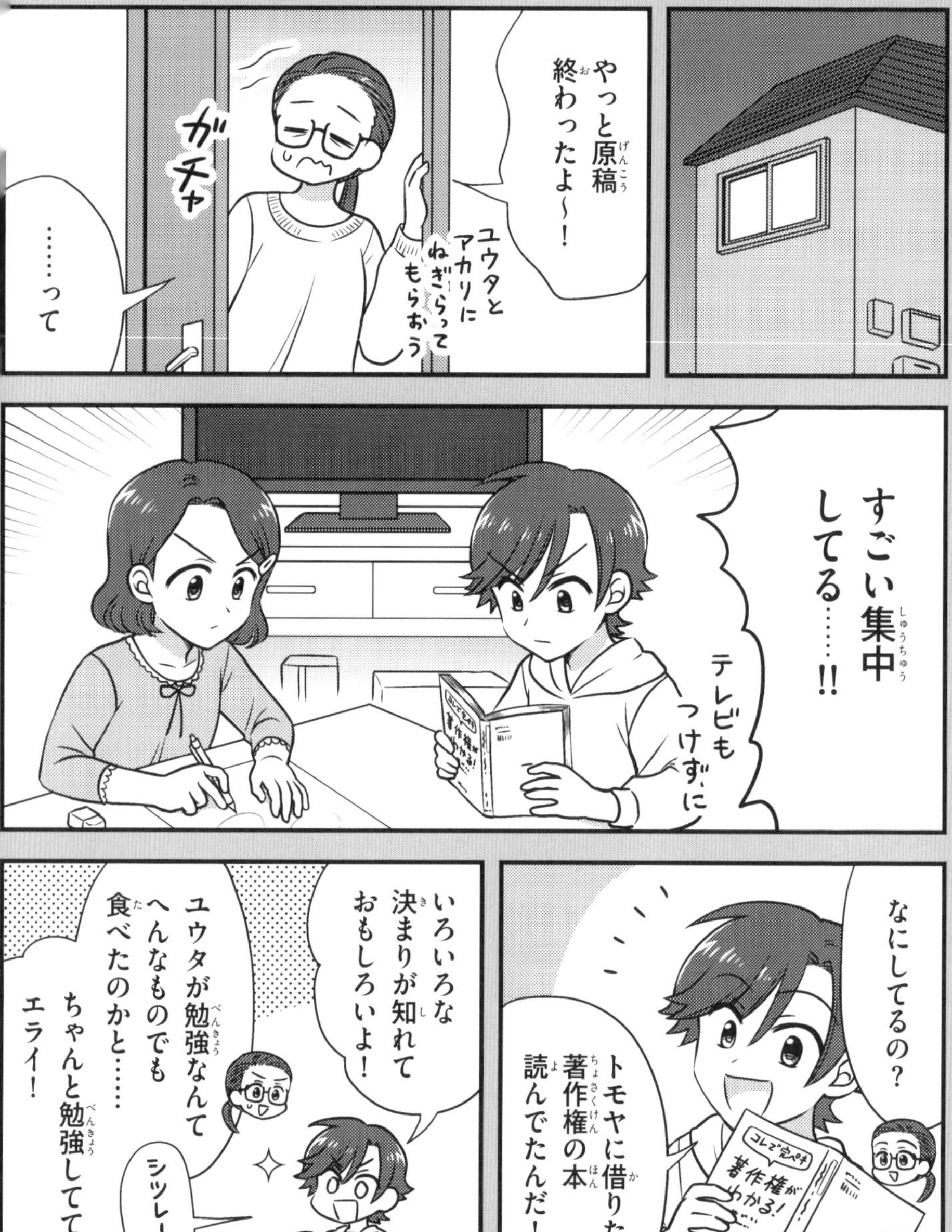
やっと原稿《げんこう》終《お》わったよ〜!
ユウタとアカリにねぎらってもらおう
ガチャ
……って
すごい集中《しゅうちゅう》してる……!!
テレビもつけずに
なにしてるの?
トモヤに借《か》りた著作権《ちょさくけん》の本《ほん》読《よ》んでたんだ!
コレで完ペキ 著作権がわかる!
いろいろな決《き》まりが知《し》れておもしろいよ!
ユウタが勉強《べんきょう》なんてへんなものでも食《た》べたのかと……
ちゃんと勉強《べんきょう》しててエライ!
シツレーな

アカリはなにかいてるの？
それは…
ポスター？
何かのイラスト
入れる
第139回合唱コンクール
うん！今度《こんど》の合唱《がっしょう》コンクールのポスターなんだけど
どんなイラストをいれるか決《き》まらなくて……
じゃあセブピのイラストにしようよ！
みんな知《し》ってるキャラクターを描《か》けば、見《み》てもらいやすくなるかも！
〇〇メロディー
キャラクターを描《か》くのはアリかも！
さすがにセブピはアレだけど…

あっ、でも著作権《ちょさくけん》……
学校内《がっこうない》で使《つか》うだけならOK《オーケー》じゃないの？
このポスターは学校《がっこう》のなかだけじゃなくて町内《ちょうない》にも掲示《けいじ》されるし……
ふっふっふっ……
!?
ドーン
ズバリ！そういうときはガイドラインを確認《かくにん》するとよいでしょう!!
ちゃんと考えててエライ！
ガイドライン!?
「ガイドライン」とアニメのタイトルで検索《けんさく》してみて
ガイドライン　○○メロディ
あっ！公式《こうしき》ホームページがでてきたよ
へー
なんて書《か》いてある？

「営利目的《えいりもくてき》じゃなくて
キャラクターのイメージを損《そこ》なわなければ使《つか》ってもＯＫ《オーケー》」だって！
ってことは……
ポスターに描《か》いてもＯＫ《オーケー》!!
ってコト!?
ガイドラインには作品《さくひん》やキャラクターを使《つか》うときのルールが書《か》かれているよ
作品
ガイドライン
今回はＯＫ！
作品《さくひん》やものによって内容《ないよう》がちがうから気《き》をつけてね！
ルールを守ってね！
はーい
もし守《まも》らなかったら……
ごく…っ
すぴ―――
お姉《ねえ》ちゃんまた!?
守《まも》らないとどうなるの!?
ガク
ガク
トモヤくんに借《か》りた本《ほん》で勉強《べんきょう》しないとね
はは…

著《ちょ》作《さく》権《けん》法《ほう》ってなんだろう？

著《ちょ》作《さく》権《けん》を守《まも》る法律《ほうりつ》のこと

著《ちょ》作《さく》権《けん》に関《かん》するルールは著《ちょ》作《さく》権《けん》法《ほう》に定《さだ》められています。「だれが著《ちょ》作《さく》権《けん》をもつのか」「著《ちょ》作《さく》権《けん》が発《はっ》生《せい》する著《ちょ》作《さく》物《ぶつ》とはなにか」「著《ちょ》作《さく》権《けん》の種類《しゅるい》」「どのように権《けん》利《り》が保《ほ》護《ご》されるのか」「どのような行為《こうい》が著《ちょ》作《さく》権《けん》侵害《しんがい》になるか」など、著《ちょ》作《さく》権《けん》について判断《はんだん》するためにかかせないものです。著《ちょ》作《さく》権《けん》法《ほう》には、著《ちょ》作《さく》権《けん》だけでなく、著《ちょ》作《さく》隣《りん》接《せつ》権《けん》についてのルールも定《さだ》められています。

著《ちょ》作《さく》権《けん》法《ほう》の目的《もくてき》

著《ちょ》作《さく》権《けん》法《ほう》第《だい》1条《じょう》では、著《ちょ》作《さく》権《けん》法《ほう》の目的《もくてき》が「文《ぶん》化《か》の発展《はってん》」と書《か》かれています。文《ぶん》化《か》の発展《はってん》は、「著《ちょ》作《さく》者《しゃ》等《とう》の権《けん》利《り》の保《ほ》護《ご》」と著《ちょ》作《さく》物《ぶつ》という「文《ぶん》化《か》的《てき》所《しょ》産《さん》の公正《こうせい》な利用《りよう》」のバランスの上《うえ》に成《な》り立《た》たせることが定《さだ》められています。また、「その著《ちょ》作《さく》物《ぶつ》を使《つか》うことができるのは著《ちょ》作《さく》者《しゃ》だけ」と書《か》いてあり、自分《じぶん》が創作《そうさく》した著《ちょ》作《さく》物《ぶつ》の扱《あつか》いについて自由《じゆう》に決《き》めることができるのは著《ちょ》作《さく》者《しゃ》だけです。

海外《かいがい》の作品《さくひん》と著《ちょ》作《さく》権《けん》法《ほう》

著《ちょ》作《さく》物《ぶつ》は国境《こっきょう》を越《こ》えて使《つか》われています。世界《せかい》各国《かっこく》で国際《こくさい》条約《じょうやく》を結《むす》んで、著《ちょ》作《さく》物《ぶつ》や実演《じつえん》・レコード・放送《ほうそう》などをおたがいに保《ほ》護《ご》し合《あ》っています。著《ちょ》作《さく》物《ぶつ》が利《り》用《よう》されるとき、利《り》用《よう》する人《ひと》がいる国《くに》の法律《ほうりつ》が適用《てきよう》されます。たとえば、日本《にほん》の著《ちょ》作《さく》物《ぶつ》がアメリカで利《り》用《よう》される場《ば》合《あい》にはアメリカの著《ちょ》作《さく》権《けん》法《ほう》が、逆《ぎゃく》にアメリカの著《ちょ》作《さく》物《ぶつ》が日本《にほん》で利《り》用《よう》される場合《ばあい》には日本《にほん》の著《ちょ》作《さく》権《けん》法《ほう》が適用《てきよう》されるのが基本《きほん》です。

Check 著作権《ちょさくけん》の国際条約《こくさいじょうやく》の一例《いちれい》（2023年現在《ねんげんざい》）

条約名《じょうやくめい》	創立年度《そうりつねんど》	加盟国《かめいこく》
文学的及《ぶんがくてきおよ》び美術的著作物《びじゅつてきちょさくぶつ》の保護《ほご》に関《かん》するベルヌ条約《じょうやく》	1886年《ねん》	179
万国著作権条約《ばんこくちょさくけんじょうやく》	1952年《ねん》	100
実演家《じつえんか》、レコード製作者及《せいさくしゃおよ》び放送機関《ほうそうきかん》の保護《ほご》に関《かん》する国際条約《こくさいじょうやく》	1961年《ねん》	96
許諾《きょだく》を得《え》ないレコードの複製《ふくせい》からのレコード製作者《せいさくしゃ》の保護《ほご》に関《かん》する条約《じょうやく》	1971年《ねん》	80
知的所有権《ちてきしょゆうけん》の貿易関連《ぼうえきかんれん》の側面《そくめん》に関《かん》する協定《きょうてい》	1994年《ねん》	164
著作権《ちょさくけん》に関《かん》する世界知的所有権機関条約《せかいちてきしょゆうけんきかんじょうやく》	1996年《ねん》	113
実演及《じつえんおよ》びレコードに関《かん》する世界知的所有権機関条約《せかいちてきしょゆうけんきかんじょうやく》	1996年《ねん》	111
視聴覚的実演《しちょうかくてきじつえん》に関《かん》する北京条約《ぺきんじょうやく》	2012年《ねん》	47
盲人《もうじん》、視覚障害者《しかくしょうがいしゃ》その他《た》の印刷物《いんさつぶつ》の判読《はんどく》に障害《しょうがい》のある者《もの》が発行《はっこう》された著作物《ちょさくぶつ》を利用《りよう》する機会《きかい》を促進《そくしん》するためのマラケシュ条約《じょうやく》	2013年《ねん》	92

日本《にほん》は世界《せかい》の大半《たいはん》と保護関係《ほごかんけい》なんだね
世界的《せかいてき》にも著作権《ちょさくけん》は大切《たいせつ》な権利《けんり》だよ

著《ちょ》作《さく》権《けん》法《ほう》をもし守《まも》らなかったら？

著《ちょ》作《さく》権《けん》法《ほう》を守《まも》らないのはれっきとした犯罪《はんざい》

もしも著作権侵害《ちょさくけんしんがい》をしてしまったら、どうなるのでしょうか。わざと著作権侵害《ちょさくけんしんがい》をすると犯罪《はんざい》になり、罰金《ばっきん》をはらったり、懲役《ちょうえき》として刑務所《けいむしょ》に入所《にゅうしょ》したりすることになります。もしくはその両方《りょうほう》になることもあります。軽《かる》い気《き》持《も》ちでやったことが、犯罪《はんざい》になってしまうかもしれません。だからこそ、使《つか》うときはルールを守《まも》ることが大《たい》切《せつ》です。

Check 著作権《ちょさくけん》の侵害《しんがい》となる例《れい》

何百本《なんびゃっぽん》ものソフトを入《い》れたゲームソフトを売《う》る
海賊版《かいぞくばん》のDVD《ディーブイディー》をつくる、売《う》る
KIRO NECO
キラネコ
まんがの表紙《ひょうし》をコピーしてポスターにして売《う》る

著作権《ちょさくけん》を侵害《しんがい》したら？

著作権《ちょさくけん》を侵害《しんがい》すると、民事責任《みんじせきにん》として著作者《ちょさくしゃ》から損害賠償《そんがいばいしょう》などが請求《せいきゅう》されます。また、刑事事件《けいじじけん》として告訴《こくそ》され、刑事罰《けいじばつ》の適用《てきよう》を求《もと》められるかもしれません。

「ちょっとだけなら」「ばれなければ大丈夫《だいじょうぶ》」「みんなやっている」と軽《かる》く考《かんが》えると、大変《たいへん》なことになってしまうかもしれません。でも、ちゃんとルールを守《まも》っていれば大丈夫《だいじょうぶ》。軽《かる》い気持《きも》ちでルールを確認《かくにん》しなかったり、やぶったりしないように気《き》をつけましょう。

うっかりして守《まも》らなかったら大変《たいへん》なことに……
自分《じぶん》で判断《はんだん》するのはよくないのね

CASE テレビ番組《ばんぐみ》を動画《どうが》サイトにアップするのは？

お気《き》に入《い》りのアイドルが出《で》ていた番組《ばんぐみ》を、みのがした人《ひと》のために動画《どうが》サイトやSNS《エスエヌエス》にアップロードしたKさん。これも著作権侵害《ちょさくけんしんがい》です。テレビ番組《ばんぐみ》はテレビ局《きょく》や制作会社《せいさくがいしゃ》の著作物《ちょさくぶつ》。勝手《かって》にアップロードするのは違法《いほう》です。みのがしてしまったときは、公式《こうしき》の配信《はいしん》を見《み》ましょう！

著作権法《ちょさくけんほう》を守《まも》るポイント

著作者《ちょさくしゃ》から許可《きょか》をもらおう

著作権法《ちょさくけんほう》を守《まも》るポイントは、著《ちょ》作権《さくけん》の基本的《きほんてき》な考《かんが》え方《かた》を理解《りかい》することです。くり返《かえ》しになりますが、著作権《ちょさくけん》とは「自分《じぶん》がつくった文章《ぶんしょう》や絵《え》、曲《きょく》などの表現物《ひょうげんぶつ》を『他人《たにん》に勝手《かって》に使《つか》われない』権利《けんり》」です。他人《たにん》の著作物《ちょさくぶつ》をコピーしたりインターネットで公開《こうかい》したりして利用《りよう》したい場合《ばあい》には、著作者《ちょさくしゃ》から許可《きょか》を得《え》ることが必要《ひつよう》です。つまり、許可《きょか》をきちんととれば他人《たにん》の著作《ちょさく》物《ぶつ》を使《つか》えます。

使《つか》う目的《もくてき》と利用《りよう》する場所《ばしょ》をはっきりさせよう

あなたが撮《と》った写真《しゃしん》をともだちに「これ使《つか》ってもいい？」と聞《き》かれても、「なにに、どこで使《つか》うんだろう？」と思《おも》うでしょう。それは許可《きょか》を出《だ》す著作者《ちょさくしゃ》も同《おな》じ。使《つか》う目的《もくてき》と利用《りよう》する場所《ばしょ》によって「それならいいよ」「これはだめだよ」という判断《はんだん》をします。許可《きょか》をもらうために連絡《れんらく》したり、利用規約《りようきやく》を確認《かくにん》したりするときは、この2つをはっきりさせましょう。

自分《じぶん》の著作物《ちょさくぶつ》が勝手《かって》に使《つか》われていたら？

では反対《はんたい》に、自分《じぶん》の作品《さくひん》が勝手《かって》に使《つか》われているのを発見《はっけん》したときはどうしたらいいでしょうか。

まずは相手《あいて》に「自分《じぶん》の著作物《ちょさくぶつ》だから勝手《かって》に使《つか》わないでほしい」と注意《ちゅうい》をしましょう。もしかしたら、相手《あいて》はルールを知《し》らないで使《つか》ってしまっていただけかもしれません。それでも使《つか》われ続《つづ》けてしまうようだったら、まわりの大人《おとな》に相談《そうだん》してみましょう。

著《ちょ》作《さく》権《けん》侵《しん》害《がい》罪《ざい》は親《しん》告《こく》罪《ざい》

通常《つうじょう》の犯罪《はんざい》とはちがい、著作権《ちょさくけん》侵害罪《しんがいざい》の場合《ばあい》は著作者《ちょさくしゃ》や著作権者《ちょさくけんしゃ》が警察《けいさつ》に通報《つうほう》して「告訴《こくそ》」という手続《てつづ》きをしないと警察《けいさつ》は動《うご》きません（親告罪《しんこくざい》）。どうしてかというと、権利《けんり》をもつ人《ひと》が使《つか》っていいルールを自由《じゆう》に決《き》められるからです。

Aさんの場合《ばあい》はルール違反《いはん》でも、Bさんは問題《もんだい》なしと判断《はんだん》することもあります。すなわち、許諾《きょだく》を与《あた》えているかいないかは、著作者《ちょさくしゃ》・著作権者《ちょさくけんしゃ》しかわからないのです。しかし、通報《つうほう》なしでも刑事罰《けいじばつ》がすぐに科《か》せられる著作権侵害《ちょさくけんしんがい》（非親告罪《ひしんこくざい》）もあります。

許可《きょか》をもらうときの例文《れいぶん》

（相手《あいて》の名前《なまえ》）さま

はじめまして。突然《とつぜん》のご連絡失礼《れんらくしつれい》いたします。私《わたくし》は（自分《じぶん》の名前《なまえ》）と申《もう》します。

（使《つか》う目的《もくてき》）で（相手《あいて》の名前《なまえ》）さまの（作品《さくひん》のタイトルや内容《ないよう》）を利用《りよう》したく、ご連絡《れんらく》しました。

具体的《ぐたいてき》な内容《ないよう》は次《つぎ》のとおりです。もしも許可《きょか》いただけるときは、〇月《がつ》〇日《にち》までに返信《へんしん》いただけると幸《さいわ》いです。

ご検討《けんとう》のほどよろしくお願《ねが》いいたします。

- 利用《りよう》したい作品《さくひん》名またはリンク
- 利用目的《りようもくてき》（例《れい》・アイコンとして利用《りよう》など）
- 利用場所《りようばしょ》とリンク（例《れい》・SNS《エスエヌエス》の名前《なまえ》やブログなど）
- 利用方法《りようほうほう》（例《れい》・切《き》り抜《ぬ》いて利用《りよう》など具体的《ぐたいてき》に）
- 謝礼《しゃれい》（大人《おとな》と相談《そうだん》して決《き》める）
- クレジットの有無《うむ》（相手《あいて》の名前《なまえ》を入《い》れるか）

（自分《じぶん》の名前《なまえ》と連絡先《れんらくさき》）

著《ちょ》作《さく》物《ぶつ》を勝《かっ》手《て》に使《つか》われないようにするには

勝手《かって》に使《つか》われないために自分《じぶん》たちができること

みんなが著作権法《ちょさくけんほう》を守《まも》ってくれれば安心《あんしん》ですが、悪《わる》い人《ひと》はどこにもいます。著作権侵害《ちょさくけんしんがい》されたときに戦《たたか》う方法《ほうほう》はありますが、自分《じぶん》から動《うご》き出《だ》さなくては泣《な》き寝入《ねい》りになってしまうことに。100%の予防《よぼう》にはなりませんが、自分《じぶん》の作《さく》品《ひん》が悪用《あくよう》されないように対策《たいさく》をしておくことはとても大切《たいせつ》です。勝《かっ》手《て》に使《つか》われないように、次《つぎ》の3つの方法《ほうほう》を心《こころ》がけましょう。

① 名前《なまえ》を書《か》く

104ページでも紹介《しょうかい》したとおり、自分《じぶん》の作品《さくひん》にサインを入《い》れておくことで、作品《さくひん》が自分《じぶん》のものだとわかるようになります。名前《なまえ》を書《か》きかえるのは、著作者人格権侵《ちょさくしゃじんかくけんしん》害《がい》になります。著作者《ちょさくしゃ》をよりわかりやすくするためには、105ページの©マークを使《つか》いましょう。「©最初につくった年　著作権者《ちょさくけんしゃ》の氏《し》名《めい》（例《れい》：©2024 mini）」のように書《か》くと、名前《なまえ》と一緒《いっしょ》に、いつつくったかもわかりやすくなります。

② 「コピー禁止《きんし》」の注意書《ちゅういが》きをする

作品《さくひん》に「無断転載《むだんてんさい》・複製《ふくせい》を禁《きん》じる」などの注意書《ちゅういが》きを入《い》れておくのも予防《よぼう》のひとつです。この注意《ちゅうい》書《が》きがあると、ちゃんとルールを読《よ》んでいない人《ひと》が悪《わる》いという判断《はんだん》になります。また、「ちゃんと言《い》っていたのに守《まも》ってもらえなかった！」と警察《けいさつ》に通報《つうほう》するときの証《しょう》拠《こ》にもなります。ネットに公開《こうかい》する場合《ばあい》は、©マークと一緒《いっしょ》に英語《えいご》でも書《か》いておくとより安心《あんしん》です。

③ コピー防止《ぼうし》の技術《ぎじゅつ》を使《つか》う

物理的《ぶつりてき》にコピーをできないようにする方法《ほうほう》もあります。たとえば、電子透《でんしす》かし（ウォーターマーク）は画像《がぞう》にうすい文字《もじ》や模様《もよう》を入《い》れることで、無断利用《むだんりよう》できなくする方法《ほうほう》です。印刷物《いんさつぶつ》でもコピーしたときだけ、文字《もじ》や模様《もよう》が出《で》てきて「コピーしたことがわかる」ようにできる方法《ほうほう》もあります。また、ゲームなどのプログラムにはコピーガードという暗号《あんごう》を入《い》れることで勝手《かって》に改変《かいへん》されたり、コピーされることを防《ふせ》ぐことができます。大切《たいせつ》なものはこうした技術《ぎじゅつ》をとり入《い》れましょう。

著作権侵害《ちょさくけんしんがい》を予防《よぼう》するには？

mimi
サイン

自分《じぶん》の作品《さくひん》だとアピールすることが大切《たいせつ》だよ

① 作品《さくひん》にサインを書《か》く

絵画《かいが》には、探《さが》してみるとはじのほうにサインとして名前《なまえ》が入《はい》っているものがあります。直接書《ちょくせつか》きこむことで自分《じぶん》のものだとわかりやすくなります。

② 無断《むだん》コピー禁止《きんし》と書《か》く

作品《さくひん》に直接書《ちょくせつか》けなくても、作品《さくひん》をSNS《エスエヌエス》やホームページにアップロードする際《さい》に、付近《ふきん》に「無断《むだん》コピー禁止《きんし》」と記載《きさい》しておくと、勝手《かって》に使《つか》われることを予防《よぼう》できるでしょう。

③ Ⓒマークをつける

105ページでも紹介《しょうかい》した「コピーライトマーク」をつける方法《ほうほう》。この本《ほん》のどこかにもついているので探《さが》してみてください。

④ コピー防止《ぼうし》の技術《ぎじゅつ》を使《つか》う

自分《じぶん》の作品《さくひん》をインターネットなどにアップロードする場合《ばあい》は、コピーガードのような機能《きのう》を利用《りよう》しましょう。写真《しゃしん》の場合《ばあい》は透《す》かし文字《もじ》を入《い》れるなどの方法《ほうほう》もあります。

著《ちょ》作《さく》権《けん》法《ほう》のなかで楽《たの》しむためには

著作権法《ちょさくけんほう》を知《し》ってガイドラインを守《まも》る

まずはルールを知《し》るところからはじめましょう。著作権《ちょさくけん》についての法律《ほうりつ》は時代《じだい》に合《あ》わせて少《すこ》しずつ法改正《ほうかいせい》で変《か》わりますし、著作者《ちょさくしゃ》のガイドラインも変《か》わることがあります。なので、この本《ほん》の内容《ないよう》をすべて暗記《あんき》する必要《ひつよう》はありません。「これって著作権侵害《ちょさくけんしんがい》にならないかな?」「使《つか》うにはどうしたらいいかな?」と思《おも》ったら、この本《ほん》を改《あらた》めて見直《みなお》しましょう。

わからないことは調《しら》べる・相談《そうだん》する

法律《ほうりつ》やガイドラインといったルールは、あくまでも大《おお》きな決《き》まりごとであることが多《おお》いです。こまかいルールが書《か》いてある利用規約《りようきやく》を見《み》ても、大人《おとな》でもわからないこともあります。「これで合《あ》っているかな?」と少《すこ》しでも思《おも》ったら、調《しら》べてみるくせをつけましょう。そして、まわりの大人《おとな》に一緒《いっしょ》に考《かんが》えてもらった上《うえ》で判断《はんだん》して、正《ただ》しく利用《りよう》しましょう。

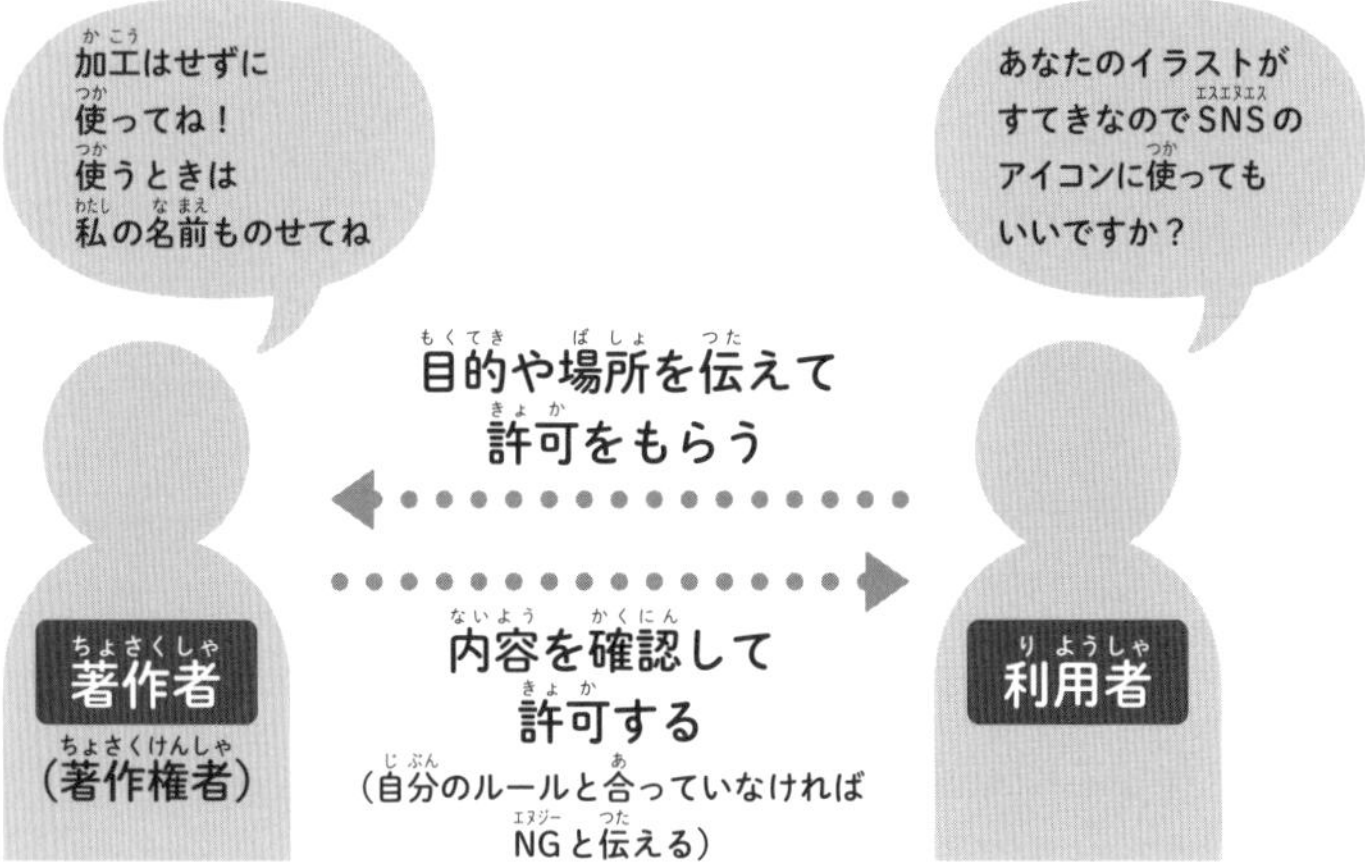

あなたのイラストがすてきなのでSNS《エスエヌエス》のアイコンに使《つか》ってもいいですか?
加工《かこう》はせずに使《つか》ってね！使《つか》うときは私《わたし》の名前《なまえ》ものせてね
目的《もくてき》や場所《ばしょ》を伝《つた》えて許可《きょか》をもらう
内容《ないよう》を確認《かくにん》して許可《きょか》する
（自分《じぶん》のルールと合《あ》っていなければNG《エヌジー》と伝《つた》える）
著作者《ちょさくしゃ》
（著作権者《ちょさくけんしゃ》）
利用者《りようしゃ》

自分《じぶん》がやられていやなことはしない

作品《さくひん》は必《かなら》ずだれかがつくったもの。あなたがつくった作品《さくひん》を勝手《かって》に使《つか》われたり、自分《じぶん》のものだとほかの人《ひと》が言《い》いはじめたらどんな気《き》持《も》ちになりますか。「自分《じぶん》はされてもいい」と思《おも》っても、ほかの人《ひと》はいやかもしれません。「法律《ほうりつ》で禁止《きんし》されている」「犯罪《はんざい》になる」というのはもちろんですが、自分《じぶん》がされていやなことを相手《あいて》にするのはよくないですよね。「これが自分《じぶん》の作品《さくひん》だったらどうかな」「相手《あいて》はどう思《おも》うかな」という気《き》持《も》ちを忘《わす》れずに正《ただ》しく著作権《ちょさくけん》を守《まも》りましょう。

つくった人《ひと》や作品《さくひん》への尊敬《そんけい》を忘《わす》れない

もしもマンガや小説《しょうせつ》、ゲーム、音楽《おんがく》などを、だれもつくらない世《せ》界《かい》だったとしたら、きっとあなたの楽《たの》しみはへってしまうでしょう。どれもだれかがつくってくれた著作物《ちょさくぶつ》であり、著作者《ちょさくしゃ》が発表《はっぴょう》してくれたから私《わたし》たちは楽《たの》しむことができます。おもしろい作品《さくひん》を「すごいな」と思《おも》うのと同《おな》じように、つくってくれた人《ひと》もすごい人《ひと》なのです。この本《ほん》を読《よ》んだあなたは、自分《じぶん》の身《み》のまわりにたくさんの著《ちょ》作物《さくぶつ》があり著作者《ちょさくしゃ》がいることを知《し》りました。そのどちらにも尊敬《そんけい》の気《き》持《も》ちをもちましょう。

みんなが気《き》持《も》ちよく使《つか》いたいね！
自分《じぶん》の作品《さくひん》も相手《あいて》の作品《さくひん》も大切《たいせつ》に！

Epilogue

エピローグ

きりーつ
礼ー
さようならー!
は……
発表《はっぴょう》も無事《ぶじ》終《お》わったし
シャララ〜
自由《じゆう》だー!
おつかれ! 調《しら》べ学習《がくしゅう》の成果《せいか》
よく まとめられて たじゃん
著作権《ちょさくけん》の本《ほん》で勉強《べんきょう》したかいがあったよ!
著作権について
ちゃんと「引用《いんよう》」できてて わかりやすいって 先生《せんせい》にも ほめられたし!
エッヘン!
パチ
パチ
パチ

著作権《ちょさくけん》って
すごく身近《みぢか》にあるものだし
著作権について
発表用プリント
著作権がわかる!
みんなにもちゃんと知《し》ってもらえるといいなぁ
今日《きょう》の発表《はっぴょう》で伝《つた》わったかな
自分《じぶん》たちがいつも楽《たの》しんでいるものも
心《こころ》をこめてつくってくれただれかがいるから楽《たの》しめているんだよな
失礼《しつれい》しまーす
ガラッ

ユウタ！
あ
アカリとマナちゃん！
どうしたの？
ユウタが発表《はっぴょう》でほめられたってきいたから！
すごいね！
へへへ
アカリちゃんもすごいじゃん
ポヤ。
え？私《わたし》？
合唱《がっしょう》コンクールのポスター！
ジャーーン！
第139回
合唱コンクール
いろいろなところで見《み》かけるよ！
すごく上手《じょうず》だしみんなの目《め》にとまるって合唱部《がっしょうぶ》の先生《せんせい》にもほめられたんだよね
えへへ
ポヤ。
へぇ……
アカリもやるじゃない
ニコ…
ありがとう

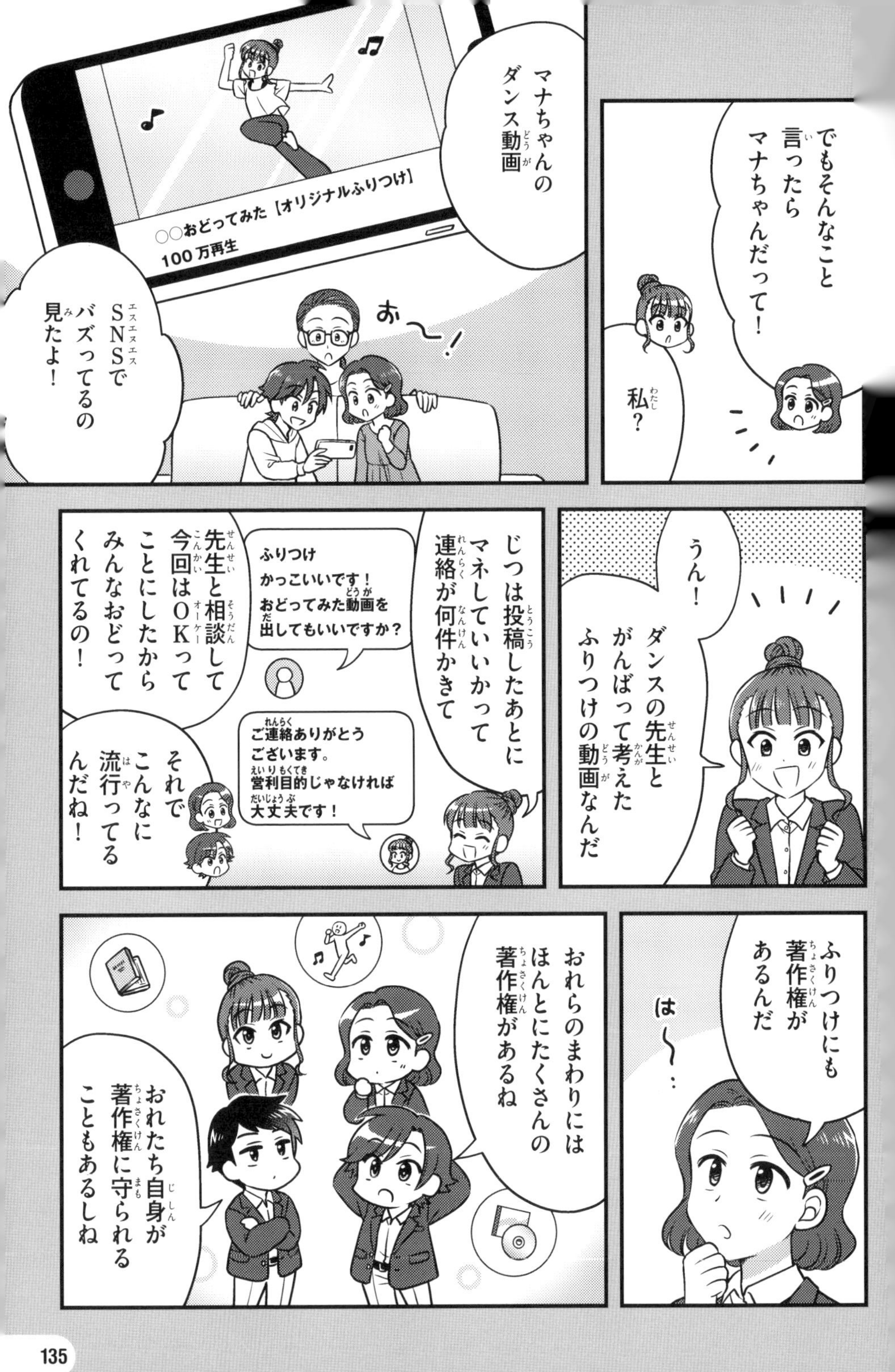

マナちゃんのダンス動画《どうが》
○○おどってみた【オリジナルふりつけ】
100万再生
SNS《エスエヌエス》でバズってるの見《み》たよ！
お〜！
でもそんなこと言《い》ったらマナちゃんだって！
私《わたし》？
うん！
ダンスの先生《せんせい》とがんばって考《かん》えたふりつけの動画《どうが》なんだ
じつは投稿《とうこう》したあとにマネしていいかって連絡《れんらく》が何件《なんけん》かきて
ふりつけかっこいいです！おどってみた動画《どうが》を出《だ》してもいいですか？
ご連絡《れんらく》ありがとうございます。営利目的《えいりもくてき》じゃなければ大丈夫《だいじょうぶ》です！
先生《せんせい》と相談《そうだん》して今回《こんかい》はOK《オーケー》ってことにしたからみんなおどってくれてるの！
それでこんなに流行《はや》ってるんだね！
ふりつけにも著作権《ちょさくけん》があるんだ
は〜…
おれらのまわりにはほんとにたくさんの著作権《ちょさくけん》があるね
おれたち自身《じしん》が著作権《ちょさくけん》に守《まも》られることもあるしね

著作権《ちょさくけん》って他人事《ひとごと》じゃないんだね
音楽
まんが・アニメ・イラスト
テレビ
ダンスのふりつけ
文章
写真
音楽《おんがく》や動画《どうが》、まんがにまであるんだもんなぁ
あっ！
マンガといえば
今日《きょう》はリサお姉《ねえ》ちゃんの新刊《しんかん》が出《で》る日《ひ》だ！
待望の10巻目！
お姉《ねえ》ちゃん原稿《げんこう》がんばってたもんね
たまに寝落《ねお》ちしてたけど
ウオォォオ
オオ
脱稿
カリカリ
カリカリ
ZZ…
こうして新刊《しんかん》が出《だ》せるのはみんなが著作権《ちょさくけん》を守《まも》ってくれてるからでもあるんだよ～
…って言ってた！

じゃあこのあと
みんなで本屋《ほんや》さんに
寄《よ》ってく?
私《わたし》たちも行《い》きたーい!
やったー!
いそ いそ
ユウタ はやく～～!
はーい!!
コンクール

おわりに

本書《ほんしょ》ではここまで、ものをつくった人《ひと》やつくったものを守《まも》る「著作権《ちょさくけん》」を紹介《しょうかい》してきました。

みなさんのまわりには、「著作権《ちょさくけん》」がたくさんあり、音楽《おんがく》や動画《どうが》、テレビ番組《ばんぐみ》、まんが、写真《しゃしん》などにも著作権《ちょさくけん》は存在《そんざい》します。

反対《はんたい》に、なにか作品《さくひん》をつくったときはみなさんが「著作者《ちょさくしゃ》」となり、著作権《ちょさくけん》に守《まも》られているのです。

もし、ほかの人《ひと》に自分《じぶん》の著作物《ちょさくぶつ》を勝手《かって》に使《つか》われたり、変《か》えられたりしたらどんな気持《きも》ちになるでしょうか?

著作権《ちょさくけん》は「知《し》らなかった」ではすみません。気《き》をつけないと、大《おお》きなトラブルに巻《ま》き込《こ》まれてしまうかもしれません。

いつも楽《たの》しんでいるいろいろなコンテンツは
心《こころ》をこめてつくっただれかがいるから楽《たの》しめているということを忘《わす》れずに、
この本《ほん》で学《まな》んだことを思《おも》い出《だ》しながら身《み》のまわりにある著作権《ちょさくけん》に目《め》を向《む》けてみてください。
著作権《ちょさくけん》を守《まも》って、大好《だいす》きなコンテンツを楽《たの》しみましょう。

保護者のかたへ

「著作権」は身近にあるいろいろなコンテンツに存在し、私たちの生活とは切っても切ることができないものです。そしてそれは子どもも例外ではありません。とくに最近はインターネットやＳＮＳの普及により、著作物に触れる機会や、著作物をアップロードできる場も多くなってきました。そういった時代背景もあり、昨今、著作権のことを知らない子どもが気づかないうちに著作権を侵害してしまうケースも少なくありません。

また、著作権は大人でも意外と知らない場合があります。著作権とは何なのか、どういったものに著作権が発生するのか、著作物を利用できる範囲や利用方法など、トラブルに巻きこまれないためにも、何がよくて何がいけないのかを子どもと一緒に知っておくことが大切です。著作権を守りながら、コンテンツを楽しんだり、学びの場に活かしていただけますと幸いです。

著作権早見表《ちょさくけんはやみひょう》

音楽《おんがく》や動画《どうが》、テレビ番組《ばんぐみ》、まんが、写真《しゃしん》のような著作物《ちょさくぶつ》や、著作物《ちょさくぶつ》をつくった人《ひと》のことを守《まも》るための「著作権《ちょさくけん》」は「著作権法《ちょさくけんほう》」で定《さだ》められていて、じつは一《ひと》つだけではありません。どんな著作権《ちょさくけん》があるのか、左《ひだり》の表《ひょう》でチェックしてみましょう！

著作権《ちょさくけん》のなまえ	法律《ほうりつ》	内容《ないよう》
著作者人格権《ちょさくしゃじんかくけん》 ↓102ページへ	著作権法第《ちょさくけんほうだい》18～20条《じょう》	著作物《ちょさくぶつ》をつくった人《ひと》が、その著作物《ちょさくぶつ》に対《たい》して持《も》つ名誉《めいよ》や気持《きも》ちなどの人格的利益《じんかくてきりえき》を保護《ほご》する権利《けんり》のグループ。「公表権《こうひょうけん》」「氏名表示権《しめいひょうじけん》」「同一性保持権《どういつせいほじけん》」がある。 【例《れい》】作品《さくひん》を公開《こうかい》するかどうか決《き》める。作品《さくひん》につける名義《めいぎ》を決《き》める。作品《さくひん》に手《て》を加《くわ》えられない。
複製権《ふくせいけん》 ↓21ページへ	著作権法第《ちょさくけんほうだい》21条《じょう》	著作物《ちょさくぶつ》をつくった人《ひと》が、その著作物《ちょさくぶつ》を印刷《いんさつ》したり、録音《ろくおん》や録画《ろくが》をしたりして複製《ふくせい》する権利《けんり》のこと。 【例《れい》】自分《じぶん》で描《か》いたまんがをコピーしたり印刷《いんさつ》したりする。テレビ番組《ばんぐみ》を録画《ろくが》する。

上演権《じょうえんけん》・演奏権《えんそうけん》 ↓ 83ページへ	著作権法第《ちょさくけんほうだい》22条《じょう》	著作物《ちょさくぶつ》をつくった人《ひと》が、その著作物《ちょさくぶつ》をみんなの前《まえ》で上演《じょうえん》したり、演奏《えんそう》したりする権利《けんり》のこと。 【例《れい》】自分《じぶん》でふりつけしたダンスを発表会《はっぴょうかい》でおどる。
上映権《じょうえいけん》 ↓ 83ページへ	著作権法第《ちょさくけんほうだい》22の2条《じょう》	著作物《ちょさくぶつ》をつくった人《ひと》が、その著作物《ちょさくぶつ》をみんなの前《まえ》で上映《じょうえい》する権利《けんり》のこと。 【例《れい》】自分《じぶん》で撮影《さつえい》した動画《どうが》を文化祭《ぶんかさい》の出《だ》し物《もの》で流《なが》す。
公衆送信権《こうしゅうそうしんけん》 ↓ 33ページへ	著作権法第《ちょさくけんほうだい》23条《じょう》	著作物《ちょさくぶつ》をつくった人《ひと》が、その著作物《ちょさくぶつ》をインターネットにアップロードしたり、放送《ほうそう》したり、有線放送《ゆうせんほうそう》したりする権利《けんり》のこと。 【例《れい》】イラストをクラスのグループチャット上《じょう》にアップロードする。 曲《きょく》をテレビやラジオで流《なが》す。
公衆《こうしゅう》への伝達権《でんたつけん》	著作権法第《ちょさくけんほうだい》23条《じょう》	放送《ほうそう》されたり、有線放送《ゆうせんほうそう》された著作物《ちょさくぶつ》を、ラジオの受信《じゅしん》機《き》などを使《つか》ってみんなに伝《つた》える権利《けんり》のこと。 【例《れい》】レストランで、お店《みせ》の人《ひと》がラジオを流《なが》してお客《きゃく》さんに聞《き》かせる。

口《こう》述《じゅつ》権《けん》	著《ちょ》作《さく》権《けん》法《ほう》第《だい》24条《じょう》	著《ちょ》作《さく》物《ぶつ》をつくった人《ひと》が、著《ちょ》作《さく》物《ぶつ》を朗《ろう》読《どく》などの方《ほう》法《ほう》でみんなに向《む》けて言《こと》葉《ば》で伝《つた》える権《けん》利《り》のこと。 【例《れい》】公《こう》園《えん》でみんなに絵《え》本《ほん》を読《よ》み聞《き》かせる。
展《てん》示《じ》権《けん》	著《ちょ》作《さく》権《けん》法《ほう》第《だい》25条《じょう》	著《ちょ》作《さく》物《ぶつ》をつくった人《ひと》が、その美《び》術《じゅつ》の著《ちょ》作《さく》物《ぶつ》や、まだ発《はっ》行《こう》されていない写《しゃ》真《しん》の著《ちょ》作《さく》物《ぶつ》の元《もと》の作《さく》品《ひん》をみんなの前《まえ》で展《てん》示《じ》する権《けん》利《り》のこと。 【例《れい》】自《じ》分《ぶん》で描《か》いた絵《かい》画《が》の個《こ》展《てん》をひらいて、みんなに作《さく》品《ひん》を公《こう》開《かい》する。
頒《はん》布《ぷ》権《けん》（映《えい》画《が》）	著《ちょ》作《さく》権《けん》法《ほう》第《だい》26条《じょう》	著《ちょ》作《さく》物《ぶつ》をつくった人《ひと》が、映《えい》画《が》の著《ちょ》作《さく》物《ぶつ》を複《ふく》製《せい》した物《もの》を、ほかの人《ひと》にゆずったり、貸《か》したりする権《けん》利《り》のこと。 【例《れい》】レンタルショップで、お店《みせ》の人《ひと》が映《えい》画《が》のDVD《ディーブイディー》をお客《きゃく》さんに貸《か》し出《だ》す。
譲《じょう》渡《と》権《けん》（映《えい》画《が》以《い》外《がい》の著《ちょ》作《さく》物《ぶつ》）	著《ちょ》作《さく》権《けん》法《ほう》第《だい》26の2条《じょう》	著《ちょ》作《さく》物《ぶつ》をつくった人《ひと》が、映《えい》画《が》以《い》外《がい》の著《ちょ》作《さく》物《ぶつ》の元《もと》の作《さく》品《ひん》や複《ふく》製《せい》した物《もの》をほかの人《ひと》にゆずる権《けん》利《り》のこと。 【例《れい》】お店《みせ》でCD《シーディー》やまんがを販《はん》売《ばい》する。

貸与権《たいよけん》 **（映画《えいが》以外《いがい》の著作物《ちょさくぶつ》）** ↓35ページへ	著作権法《ちょさくけんほう》第《だい》26の3条《じょう》	著作物《ちょさくぶつ》をつくった人《ひと》が、映画《えいが》以外《いがい》の著作物《ちょさくぶつ》を複製《ふくせい》した物《もの》をほかの人《ひと》に貸《か》してあげる権利《けんり》のこと。 【例《れい》】レンタルショップで、お店《みせ》の人《ひと》がCD《シーディー》をお客《きゃく》さんに貸《か》し出《だ》す。
翻訳権《ほんやくけん》・ **翻案権等《ほんあんけんとう》** ↓60ページへ	著作権法《ちょさくけんほう》第《だい》27条《じょう》	著作物《ちょさくぶつ》をつくった人《ひと》が、その著作物《ちょさくぶつ》を翻訳《ほんやく》、編曲《へんきょく》、変形《へんけい》、脚色《きゃくしょく》、映画化《えいがか》、翻案《ほんあん》して、二次的著作物《にじてきちょさくぶつ》をつくる権利《けんり》のこと。 【例《れい》】日本語《にほんご》の小説《しょうせつ》を英語《えいご》に翻訳《ほんやく》する。人気《にんき》のあるまんがをアニメ化《か》する。
二次的著作物《にじてきちょさくぶつ》の **利用《りよう》に関《かん》する** **原著作者《げんちょさくしゃ》の権利《けんり》**	著作権法《ちょさくけんほう》第《だい》28条《じょう》	二次的著作物《にじてきちょさくぶつ》のもとになる著作物《ちょさくぶつ》をつくった人《ひと》が、その二次的著作物《にじてきちょさくぶつ》をつくった人《ひと》が持《も》つものと同《おな》じ権利《けんり》を持《も》つこと。 【例《れい》】アニメ化《か》されたまんがを描《か》いたまんが家《か》が、そのアニメをつくった人《ひと》と同《おな》じ権利《けんり》を持《も》つ。

●監修《かんしゅう》

一般社団法人《いっぱんしゃだんほうじん》 コンピュータソフトウェア著作権協会《ちょさくけんきょうかい》（ACCS）

コンピュータソフトウェアをはじめとした、デジタル著作物《ちょさくぶつ》の著作権者《ちょさくけんしゃ》の権利《けんり》を保護《ほご》すると共《とも》に、著作権《ちょさくけん》の普《ふ》及活動《きゅうかつどう》を行《おこな》い、コンピュータ社会《しゃかい》における文化《ぶんか》の発展《はってん》に寄与《きよ》することを目的《もくてき》として設立《せつりつ》。シンボルマークである「コピー禁止《きんし》マーク」は、違法《いほう》コピーの禁止《きんし》を含《ふく》め、デジタル著作物《ちょさくぶつ》の権利保護《けんりほご》をうたう意思表示《いしひょうじ》として、会《かい》員会社《いんがいしゃ》の商品《しょうひん》、マニュアル、宣伝広告《せんでんこうこく》や当協会《とうきょうかい》のチラシ、ポスター、意見広告等《いけんこうこくとう》の広報啓発活動《こうほうけいはつかつどう》に使用《しよう》されている。

https://www2.accsjp.or.jp/

ルールを守《まも》って楽《たの》しもう！　まんがで学《まな》ぶ
著作権《ちょさくけん》

2024年1月10日発行　第1版第1刷

監　修　一般社団法人《いっぱんしゃだんほうじん》
コンピュータソフトウェア
著作権協会《ちょさくけんきょうかい》

発行者　長谷川 翔

発行所　株式会社保育社
〒532-0003
大阪市淀川区宮原3－4－30
ニッセイ新大阪ビル16F
TEL 06-6398-5151
FAX 06-6398-5157
https://www.hoikusha.co.jp/

企画制作　株式会社メディカ出版
TEL 06-6398-5048（編集）
https://www.medica.co.jp/

編集担当　中島亜衣／二畠令子／佐藤いくよ
まんが　亀吉 希
本文イラスト　さがわ ゆめこ（sugar）
デザイン　山田素子／舟久保さやか
（スタジオダンク）
小堀由美子（有限会社アトリエゼロ）
執筆協力　森田鈴夏／ふくだりょうこ／米田淳一
編集協力　江島恵衣美／カトウみのり
渡辺有祐（フィグインク）
印刷・製本　日経印刷株式会社

ISBN978-4-586-08652-8　Printed and bound in Japan

乱丁・落丁がありましたら、お取り替えいたします。